「もうほんとに！」
毎日毎日、怒りどおしの子育てではありませんか？
「シツケ」のひとつと考えて、怒っていませんか？
大人の都合で、怒っていませんか？
「あんなふうに叱れたら」と思うこともありますね？
「あんなふうに怒らなくても」と思うこともありますね？
「どうしてウチの子は！」といらだっていませんか？
かわいくてしょうがないのに「つい」叩いてしまったことは？

むずかしい子育てのひとつが「叱ること」。
もっとおだやかに、もっと理性的に伝えられたらすてきなのに、
ついつい大きな声で怒鳴ってしまう。

そんな毎日が一変します。
「言いすぎたな」と思ったら、「ごめん」と素直に謝るようになって、
子どもとの関係がおだやかになります。
この本まるごと〝目からウロコ〟のヒントでいっぱい！
「叱らないでOK！」の子育てを、はじめましょう！

叱らないで OKi な 子育て

親がラクになる

ナーマン BOOKS

特集

OKな言葉の使い方 — 文＝米本和弘×写真＝杉本友紀 — 06

「くつをはこう！」がうまくいかない時の声かけ — 文＝辻田枝里 — 09

子どもの自己肯定感を育てる、日常の言葉かけ — 文＝辻田枝里 — 12

イヤイヤ期ってなに？ — 文＝辻田枝里 — 14

保育士さんに聞く、現場で使える言葉かけ — 文＝辻・シント — 16

ロコモトそうが教える、「ほめる」のコツ — 文＝辻田枝里 — 18

連載

「OK」が育つコミュニケーション
子どもを伸ばすためのヒント
文＝斉藤早苗 — 38

イライラしない子育て
「OK」な言葉は余裕から
文＝斉藤早苗 — 36

「OK」な叱り方
十人十色の叱り方！
文＝三輪康子 — 34

「OK」のある子育て
小さなOKの積み重ね！
文＝小林なつき — 28

ターニー・バーニーのOKの教え方

「叱らなくて大丈夫」な理由

「こうあるべき」を決めすぎないスローな子育て。

育児まわりをテーマに情報を発信する「くらすこと」を主宰する藤田ゆみさん。決めごとやこだわりをもちすぎないことで、叱る場面もほとんどなくなる、と言います。試行錯誤しながらも、家族や仲間と一緒に子ども中心の子育てをたのしむ藤田さんに「叱らないでOK!」なヒントをお聞きしました。

お話＊藤田ゆみさん（「くらすこと」主宰）

取材・文＊山本貴緒　撮影＊宮津かなえ

「子どもの目に映る世界は、きっと大人にはわからないすてきなものであふれているから、それをじゃましないことは、大切な気がします」（ゆみさん）。

むかしながらの〈お台所〉には、素朴な質感の道具たちが。シンプルなものほど、長く使える。

自分が何とかしなきゃ、と思い込まないこと

訪れたのは、思わず「わあっ」と声がこぼれてしまうほどのかわいらしいお宅。木の扉に木枠の窓、欄間や縁側と、どこを見まわしても味わい深い和の佇まい。陽の光が差し込む庭ごしの和室で子どもたちがあそぶなか、藤田ゆみさんにお話をうかがいました。

「早起きして朝の時間を活用するようになったのは、3年ほど前からでしょうか」。1歳から7歳まで、3人のお子さんがいる藤田さん家族の一日は、早朝3時頃にはじまります。冬ならまだ外は真っ暗。この生活リズムに至るには、試行錯誤もあったとか。

『くらすこと』の活動をはじめた5年前は、会社勤めだった夫も帰りが遅く、まだ2歳だった基就《きづき》を保育園に預けながら仕事をしていました。でも、ちいさい子どもと家族が過ごせるのはこの時期だけ。もっと一緒の時間を増やしたいという気持ちが強くなって。ふたり目の円子《わこ》が生まれ、夫が独立したのをきっかけに、家族の暮らし方を見直すことにしたんです」

センスのよい器が無造作に収められた茶箪笥。

両親そろって家で仕事と子育てをするようになったのを機に、子どもも保育園から幼稚園へと替わり、家族で過ごす時間は増えたものの、やはり仕事の時間は思うようにつくれなくなったそうです。そんなこともあって、夜はそろって早く眠り、早朝に起きて仕事をする暮らしがスタートしました。

「それでも、夫とふたりきりで、育児と、それぞれの仕事を両立させるのは至難の業。それで、わたしの母に同居してもらうようになって、やっと少し余裕ができたという感じです」

こうした過程で、〈育児は親がす

[月刊クーヨン]2010年6月号に掲載された記事に加筆・修正しています。

るもの〉という感覚に縛られる必要はないのではと思いはじめたゆみさん。子どもの成長とともに、茂久さんもまた会社勤めになり、子育てのスタイルも、しだいに変化していくことに。

「自分だけで何とかしなきゃ！ と思っていた最初の子育ては、やがて夫と協力する子育てへ、そして母にも加わってもらうことになりました。さらにいまは、『くらすこと』のスタッフや、友人にも家を開放し、みんなで子育てするようになっています」

母親だけが育児を背負い込まずに、みんなの手を借りて育てる。子どもをのびのびと育むのは、そんな気楽な関係なのでは、とゆみさんは考えます。

大人が先まわりして子どもの〈芽〉を摘まない

こうした環境は、少しずつ時間をかけて、自然にでき上がってきたというゆみさん。意外にも、〈育児のこだわり〉はほとんどないと言います。「くらすこと」のスタッフが集まって作業する傍らで、子どもたちは自由にあそび、いつも大騒ぎなのだとか。

スタッフが集まるときは、となり合っている居間で子どもたちをあそばせながら仕事を。

「けんかしたり、泣いたりもしょっちゅうです（笑）。本当はやっぱり、口出ししたくなるんですよ。でも、よく見ていると、子どもたちはちゃんと自分たちで何とかするものなんです。それぞれが〈気づく〉力をもっているんですね。それって、子どもにとって何よりも大切な成長のチャンス。その貴重な経験の芽を摘んでしまわないように、わたしたち大人は、ただそばで、そっと見守ることにしています」

生まれながらの個性を、子ども自身のペースで伸ばせるように、じゃましないことこそが親の役目、とゆみさん。そんななかでも欠かさないのは、毎日ちゃんと「大好き！」を伝えること。

「おかえり！ のハグをギュッとするんです。はじめは『わざわざそんなこと……』と思いましたが、子どもたちの表情を見ていると、肌で伝えることの大切さを痛感します」

自分は愛されていて、ありのまま受け入れられている。それに足る存在なのだ、と日々感じられること。毎日親から伝わる肌のぬくもりは、じんわりと、でも確実に、子どもた

本当はやっぱり、口出ししたくなるんですよ。でも、よく見ていると、子どもたちはちゃんと自分たちで何とかするんです。

藤田さん家族の一日

03:00　大人は起床。メールや仕事など

07:00　子どもたちが起床。家族で朝食

08:00　基就さんが小学校へ

08:45　円子さんを幼稚園へ送る

09:00　茂久さんが仕事へ

09:45　ゆみさんは自宅で仕事。ばあば（俊子さん）が1歳の大雄（たお）さんをみてくれる間、家事と仕事を。週3日は「くらすこと」のスタッフ親子が来る

12:00　みんなで昼食

13:30　ゆみさん、円子さんのお迎え

17:00　基就さんが帰宅。みんなで夕食

18:30　ゆみさん、基就さんの宿題をみたり、子どもたちとあそんで、入浴

20:30　子どもたちに本の読み聞かせをしながら一緒に就寝

「くらすこと」のスタッフは子連れで仕事に訪れ、子どもは居間であそぶ。いろいろな年齢の子が自由にあそべる関係こそ「見守れる育児環境」の基本かも。2010年夏に暮らしの雑貨と台所道具のお店と、教室やお茶会などのワークショップスペースを融合した「アトリエ」をオープン。新米おかあさんやあかちゃんが参加できる集まりも催しています。
「くらすこと」http://www.kurasukoto.com/
写真提供＊藤田ゆみ

2005年にはじまった「くらすこと」。食・子育て・手仕事など暮らしまわりをテーマに商品の販売や情報を発信。

ちの安心と自信の素地になっていくはず。

「特別なことはしなくても、子どものこころの機微にだけは、いつも敏感な親でありたい」とゆみさんと茂久さん。

〈子ども時間〉を一緒にたのしんでみて

子どもたちと暮らすなかで、子どもはつねに〈いま〉だけを生きている、と感じるようになったと言います。

「仕事も育児もと忙しい日常では、大人はつい効率を考えてしまいがち。でも、〈効率的〉とは対極にあるのが子どもの世界なんですね。たとえば、空き時間にさっと買いものをすませたいと思っても、子どもは道の途中で虫を発見して座り込んでしまったり（笑）。目の前の世界がすべてなんですよね」

でも、こうした〈子ども時間〉に寄り添える瞬間こそ、子どもとの暮らしで味わえる本当の豊かさなのでは、とゆみさんも茂久さんも感じています。

「いまは、むかしのように、〈つながり〉を感じながらゆったり子育て

子育ては、子どもが
中心にいてこそ。
こうしなきゃ、って
頭でばかり考えて
気張っていたら
大切なことを
見失ってしまうから。

ふじた・ゆみ　3人の子育てをしながら、オーガニックな暮らしやスローな子育てをテーマにした「くらすこと」の活動を展開中。著者に『子どもと一緒にスローに暮らす おかあさんの本』（アノニマ・スタジオ）。

をするのがむずかしい。とくに母親は、自分の力を発揮して何かに役立てたいと思ったら、バリバリ働くキャリア・ママをめざすか、専業主婦として子どもが成長するまで待つ、という10か0かの選択肢しかありません」

　仕事か育児か。そんな二者択一しかない社会はどこか窮屈。子育ての豊かさを失うことなく、社会とつながれる〈場〉をつくれたら……。そんな思いではじめた「くらすこと」はいま、新しい展開を見せています。

　子どもたちが、親でも先生でもない多様な価値観をもった大人に見守られて、家族の枠だけに縛られず育っていってくれたらと考えているそうです。

「だから、子どもがそばにいて、みんなで子どもを見合いながら仕事をし、母親であるわたしの得意なことを発揮できる場。そして近所のおじいちゃん、おばあちゃんにも立ち寄ってもらえるような、いろんな世代のひとがともに子どもに関われるような居場所をつくりたいと思っているんです」

何をするのかではなく、どんなふうに過ごすか

　子どもにとって、日々の暮らしで大事なのは、からだにもこころにも無理なく、心地いい毎日を過ごせているかどうかだと、ゆみさんは言います。

「自然に逆らわないオーガニックな暮らし方を大切にしたいという思いはもちろんあります。でも、子育ては、子どもが中心にいてこそ。こうしなきゃ、ああしなきゃ、と頭でっかちになって、方法論自体に執着してしまったら本末転倒ですよね。

　だから、わたしの場合、たとえば〈食べもの〉にもこだわりすぎないようにしています。たしかに素材選びは大事だし、子どもには手をかけたものを食べさせたいけれど、忙しいときは外食もするし、たまにはみんなで宅配ピザをとることだってありますよ」

　何を食べるかよりも、だれとどんなふうに食べるかのほうがずっと大切。一緒に〈おいしいね！〉と共感できることは、ひととしていちばんしあわせな経験だと思うから、とゆみさん。

「わたしたちが大切にしている、こうしたひととしての〈あたりまえ〉のことは、子ども時代にわたしが親から受け取ったものばかり。家族の大切さだったり、ひととつながるすばらしさだったり。それがいまのわたし自身の根っこになっているんです」

　子育てでいちばん大切なことは、この根っこができるまで、ただ見守ることだけ。子どもを見つめる藤田さん一家のそんなおおらかな姿勢に、「叱らないヒント」があるのかもしれません。

「叱る」を減らす夫婦の関係性

叱ることも見守ることも、自然な連携プレイで子どもたちを育てたい。

のびのび、ゆったりと子育てできる環境を求めて緑豊かな郊外に引っ越してきたアン・サリーさんと飯田玄彦さんご夫妻。自分の世界は大事にしつつ、家族に対しても相手の意思をできるだけ尊重する姿勢に、「叱らない子育て」のヒントがありそうです。子育ての日々について、お話をうかがいました。

お話＊アン・サリーさん（シンガー、心臓内科医）
飯田玄彦《はるひこ》さん（トランペット奏者）

取材・文＊山本貴緒　撮影＊佐藤克秋

いつも意識しているのは「一緒にたのしむ」こと

駅から少し車を走らせると、見渡す限りの緑、緑、緑。おだやかな清流と、木漏れ日がまぶしい林。生きものたちの息づかいまで聞こえてきそうな環境は、ため息ものです。

今回訪ねたのは、心臓内科医でありシンガーとしても活躍するアン・サリーさんと、トランペット奏者の飯田玄彦さんご夫妻。

子育ては自然豊かな場所でと、都心から少し離れたこの土地に引っ越してきたおふたり。よくあそびに来るという川原で、ふたりのお子さん、さらさんと桃音《もね》さんは、すぐにでも水に入りたそうな面持ちでうずうず。空にはツバメが飛び交い、水面にはアメンボが。少し先の草原には馬たちの姿も見えます。

「わたしたちが出会ったアメリカのニューオーリンズは、とても時間がゆっくり流れている土地でした。さらを妊娠して日本に戻ってきてからは都心に住んでいたのですが、やけに息苦しく感じてしまって……。

緑もあまりなくて、さらはコンクリートの水たまりであそんでいたくらいだったから、ここに来たばかり

「子どものために」と大人が合わせるのではなく、お互いが歩み寄ることが大事だと思うんです。

川原に来ると、さらさんは、下を見つめて一生懸命何かを探しています。しばらくすると、車にしまってあった容器を大事そうに抱えて戻ってきました。見せてくれたのは、川原で集めたたくさんのシーグラス。「すっごくキレイでしょ？　宝ものなの！」。

の頃は、虫を怖がったりしたんですよ。でもいまではすっかり慣れて、ホッとしてます」とアンさん。もともとあまり都会は肌に合わないという飯田さんは、当然！という表情でうなずきます。

「川の中で石をひっくり返したら、魚やカニがいたりして、こんなところにちいさな生物がいっぱい生きている！って、いつも感動しています。子どもたちのためにと引っ越しをしたけれど、われを忘れて目の前の自然に夢中になっているのは、実は大人だったりするんですよ」とアンさんは笑います。

子どもたちとの暮らしのなかで、おふたりが意識しているのは「一緒にたのしむ」こと。

「子どもの基準に合わせて大人が妥協するのではなくて、お互いがたのしめるように歩み寄ることが大事だと思うんです」と飯田さん。それは、ふだん聴いたり、奏でたりする音楽でも同じです。

「〈子どもの教育にいい音楽〉というのもあるみたいだけれど、わたしたちは自分たちが聴きたい音楽を聴くし、弾きたいものを弾きます」とアンさんは言います。ただし、ちょっとアレンジを加えて……。

[月刊クーヨン]2010年10月号に掲載された記事に加筆・修正しています。

「子どもたちからのリクエストは、たいがい〝アンパンマン〟か〝シンケンジャー〟。だから〈大人アレンジ〉をしてひと工夫。憂いのある〝アンパンマン〟とか（笑）。それで子どもたちも満足するし、わたしもたのしめちゃう」

「ぼくらが子どもたちに知ってほしいのは、〈本物〉なんです。音楽だったら、CDよりも〈生〉の音を聴いてほしいし、木や土にもじかに触れてもらいたい」と飯田さん。自分のからだで感じることを大切に。それがおふたりのスタンスです。

お互いの考えや役割を理解して自然に補い合えるといい

それにしても、「医師」「シンガー」「母」……といくつもの顔をもつアンさん。忙しいはずなのに、子どもたちとの間には、ゆったりした時間が流れているよう。

「いまは育児を優先して、病院の仕事はセーブしていますが、そんななかでも夫の多大なサポートには、すごく助けられています。

たとえば彼は、ピシッと叱るのは父親の役目だと考えていて、きらわれ役も買って出てくれるんですね。

ネット上で緑ばかりの場所を探して選んだ（！）という家のまわりは、山あり川あり。さらさんと桃音さんが通う保育所も、山の中。とりわけ川は、家族みんなが大好きな場所。

だからわたしは、にこにこ笑っているやさしいおかあさんでいられちゃうんです」

それはうらやましい！　ふたり一緒に出演するライブのように、子育てでも、息の合った連携プレイがあるようです。

子どもが生まれてから、夫婦というより家族の一員という感覚が強くなったという飯田さんに、アンさんは、「子どものことを一緒に考えているチームという感じかな。でも、そうすると話題はおのずと子育てのことばかりになりがちだから、ちゃんと女性としても見てねと、たまにリクエストするんです（笑）」と、ちょっぴり熱い視線を送ります。

「冷たいように聞こえるかもしれないけれど、親子と違って夫婦はどこまで行っても他人同士。だから、相手に配慮するような、ある程度の距離が必要なんだと思うんです」と飯田さん。

馴れ合いにならずに思いやりがちゃんとある。それが夫婦のちょうどいい距離感なのだと、おふたりは言います。

社会のルールと、精神の自由を尊重できる大人に

子どもたちからおしえられていることも多いのだと、アンさんは話します。

「大人って、案外〈たのしむ〉ことがじょうずじゃないですよね。わたしもときどき、〈いま、自分はたのしめているかしら?〉なんて考えちゃうことがある。でも、子どもたちを見ていると、ただ生きているだけでこんなにたのしいんだ! って思えてくるんです」

子どもたちにとって、世界はポジティブな要素で満ちていて、たのしくてたまらない場所。がまんしきれずに、とうとう服を脱いで川に入ってしまったさらさんと桃音さんからも、そんな「たのしい!」が伝わってきます。

おふたりが子どもたちに願うのは、いまもっているそんな感性を、この先も失わないでほしいということ。「ずっと、〈たのしみじょうず〉のままでいてねって」とアンさん。

そしてもし、大人になっていくなかで傷ついたり道を踏みはずしそうになったら、音楽に触れてほしいの

だと。

「わたし自身がそうでした。人生のさまざまな局面で、音楽に助けられてきたんです。わたしにとっては、その音楽が自分を自由に表現する手段にもなったわけですけれどね」とアンさん。

いちばん身近にいる大人として、社会のルールのなかにありながらも、「精神の自由を損なわないあり方」を子どもたちに示したいと、おふたりは話します。

「子どもって、やっぱり親の背中を見て育つもの。ぼくらが音楽に没頭している姿を見て、没頭できる何かに出会えることのすばらしさに気づいてくれたらと思うんです」

便利な社会になりすぎていて、ボタンを押せばすぐゴールが見えてしまうような状況もあるけれど、本当に大切なのは〈過程〉です。音楽家

夫がきらわれ役をしてくれるから、にこにこやさしいおかあさんでいられちゃう(笑)。

知識やことばで伝えられることは案外少ない。ぼくらの背中を見て、大切なことが何かを自然に感じ取ってもらえたら。

のすばらしい演奏の背景には、かならず練習がある。プロセスあってこそのステージですから」と飯田さん。

だから、机上の勉強で得る知識よりも、過程をたのしみながら生きる知恵を身につけてほしいとおふたりは言います。そうした知恵は、文化や社会に対する広い視野もはぐくんでくれるはずだからと。

「わたし自身は、日本人でもなく、韓国人でもないという、国の狭間で生きてきました。譲れない事情がそれぞれにあるのかもしれないけれど、ひとりの〈ひと〉と〈ひと〉として出会って自分で感じることができれば、人種や国境という垣根を越えて理解し合うことができるはずなんです」とアンさん。

ライブで全国各地を訪れるときには、かならず同行するという、さらさんと桃音さん。おふたりの演奏で聴くひとの内にわき起こされる感動を目の当たりにしながら、垣根を越えた音楽と自由のすばらしさを、きっと肌で感じているのでしょう。

「わがやでは、たいがい夜6時前に夕食をすませて、そのあと家族4人で外にあそびに出かけるのが引っ越してきてからの習慣。田舎で育った夫も子どもたちも、ここにきてから本来の姿を取り戻しているみたい」とアンさん。

桃音さん誕生後、さらさんとの関係が微妙に変化したというアンさん。そんなとき玄彦さんが、さらさんとたっぷり向き合ってくれたそう。

「メンバーや環境の変化も、家族のあり方を見つめるいい機会になる」と考えるアンさんと玄彦さんのまなざしは、いつもさらさんと桃音さんに。

あん・さりー　愛知県生まれ。幼少時からピアノに親しみ、大学卒業後、医師に。その一方で、2001年「Voyage」でシンガー・デビュー。2002年から3年間、ニューオーリンズへ医学留学。現在も医師として働きながら日本全国でライブ活動を行い、2010年に最新アルバム「fo:rest」を発表。

いいだ・はるひこ　滋賀県生まれ。幼い頃よりジャズを聴きはじめ、学生時代はサッカーに没頭する。19歳で渡米、ニューオーリンズを旅したことを機に本格的にジャズに傾倒する。ニューオーリンズのミュージシャンとの交流も深め、数多くのセッションに参加。帰国後も各地でライブ活動中。

いいだ・さら　2005年生まれ。ニューオーリンズでアンさんのおなかにやってきた。そのせいか、ジャズっぽいリズムがお得意!?　くだものとアイスクリームが大好物。

いいだ・もね　2007年生まれ。ちょっぴりひと見知りだけれど、家ではおねえちゃん以上に元気いっぱい。保育所に通うのを毎日たのしみにしている。

毎日叱ってばかりで、
もう大変!!
誰か助けて〜。

[お悩み篇]

「もしかして、わたしは叱りすぎ?」
「ほかの家は、どうやって叱っているんだろう……」
不安になること、ありますよね。
そこで、いろいろなご家庭の「叱る」を
教えていただきました。
みなさん、悪戦苦闘しながらも
自分なりのやり方をあみ出しているようです!

| 夫婦対談 |

小栗左多里さん×トニー・ラズロさん

取材・文＊金涼子　撮影＊泉山美代子

おぐり・さおり　岐阜県生まれ。[月刊コーラス]で漫画家デビュー。著書に『ダーリンは外国人』シリーズ（メディアファクトリー）、『さおり＆トニーの冒険気候　ハワイで大の字』（ヴィレッジブックス）など多数。
http://www.ogurisaori.com/

[月刊クーヨン]2011年4月号に掲載された記事に加筆・修正しています。

「ダーリン叱る！」の迷場面

映画にもなった人気漫画、
『ダーリンは外国人』の著者
小栗左多里さんと、「ダーリン」こと、
パートナーのトニー・ラズロさんご夫妻。
5歳の男の子を育てているおふたりに、
「叱る」をキーワードに語っていただきました。
左多里さん流の「叱るコツ」、
トニーさん流の「叱る哲学」とは……!?

きょうはけんかになるかもしれない（笑）

トニーさん（以下敬称略） 冒頭に申し上げたいのですが、きょうはけんかになるかもしれない（笑）。若干、ふたりの哲学が違い、整理中であったり、同じ意見であるとは限らないので……。

左多里さん（以下敬称略） 食い違うね、これが（笑）。

わたしがいまいちばん困っているのが、子どもに「歯を磨くよ」「着替えるよ」と言ったら毎回、3回は逃げること！「ジャングルジムの上で磨きたい！」とか。おもしろいと思ってふざけてるんです。そこで、「時間ないよ」とか、「そんなことしてたらこれができなくなっちゃうよ」という叱り方をしています。

トニー 子どもは逃げたり隠れたりしたいんでしょうね。見つけてもらう、追いかけてもらうというのは動物に共通する本能的なもので、トレーニングでやるんじゃないかと。きっと、どこかでそうなるきっかけを見つけたいんじゃないでしょうかね。

それに「時間があと何分しかない」というのは、大人のスケジュール。わたしは、子どもに協力してもらわないと困るから、おもちゃの時計と本物の時計を並べて、「時計の長い針がおもちゃの長い針と同じところに来たら、出かけなくてはいけ

Tony László ハンガリー人の父とイタリア人の母の間に生まれ、アメリカで育つ。多文化共生を研究するNGO「一緒企画（ISSHO）」を運営。著書に『トニー流幸せを栽培する方法』（ソフトバンククリエイティブ）など。
http://talking.to/tony/

ないよ」とか、面倒くさがらずに説明するようにしています。

また、たとえば、本を読みたい、歯も磨かなくてはいけない、まだおもちゃであそんでいるのをやめたくない、それらを全部10分でやらなくちゃいけないという場合。そんなときは、やる順番など選択肢をA、B、Cと3パターンつくって、「どれにしようか？」と子どもに選ばせていく。そうすると、だいたいうまくいくんです。そのとき「時間内にできなかったら絵本を読むのはナシ」というのも選択肢のひとつにします。つまり、操作なんですけど。

左多里　導いてますね（笑）。

トニー　導くんですね（笑）。選んでほしいものを魅力的にして、選んでほしくないほうをそうでなくする。結局、やりたいことができない、というのは「罰」なんです。自分は体罰はやらないと決めていますが、わかりやすく、日常の活動とくっついている何らかの「罰」を設けるのが、いまはいいかなと思っています。

よく、言うことを聞かないとき、あれは、何て言うんだっけ？……「何しゃく」だっけ？

左多里　ん？　かんしゃく？（笑）。

トニー　そう、かんしゃくを起こすときがあるんですね。どうしてもやりたくないと、バタバタする。そういうのは許したくないほうなので。

3秒がまんしてみようとか

左多里　「怒る」というのは、自分の問題。カッときて感情に任せちゃうとお互いうまくいかないかな、と思うので、努めて冷静になるようにしています。冷静になっていないと、うまく叱れないと思います。

街角で、子どもをわーっと怒っている姿などを見ると胸が痛い。大きい声で怒鳴るのと、静かに説得するのって、それほど変わらないと思う。時間があれば自分も冷静に聞いてやりたいなって思います。お互いにイヤな思いをしないように。

でも、毎回逃げられると、ちょっと、声を一段階低くして注意しますね。怒らずに、叱るようにはしたいんだけど、やっぱり、カチンとくるときがあるので（笑）。

あとは、ぱっと言わないで、一瞬黙ったりします。3秒がまんしてみようとか、本当にその場を離れたり。でも、やってしまっては反省、の

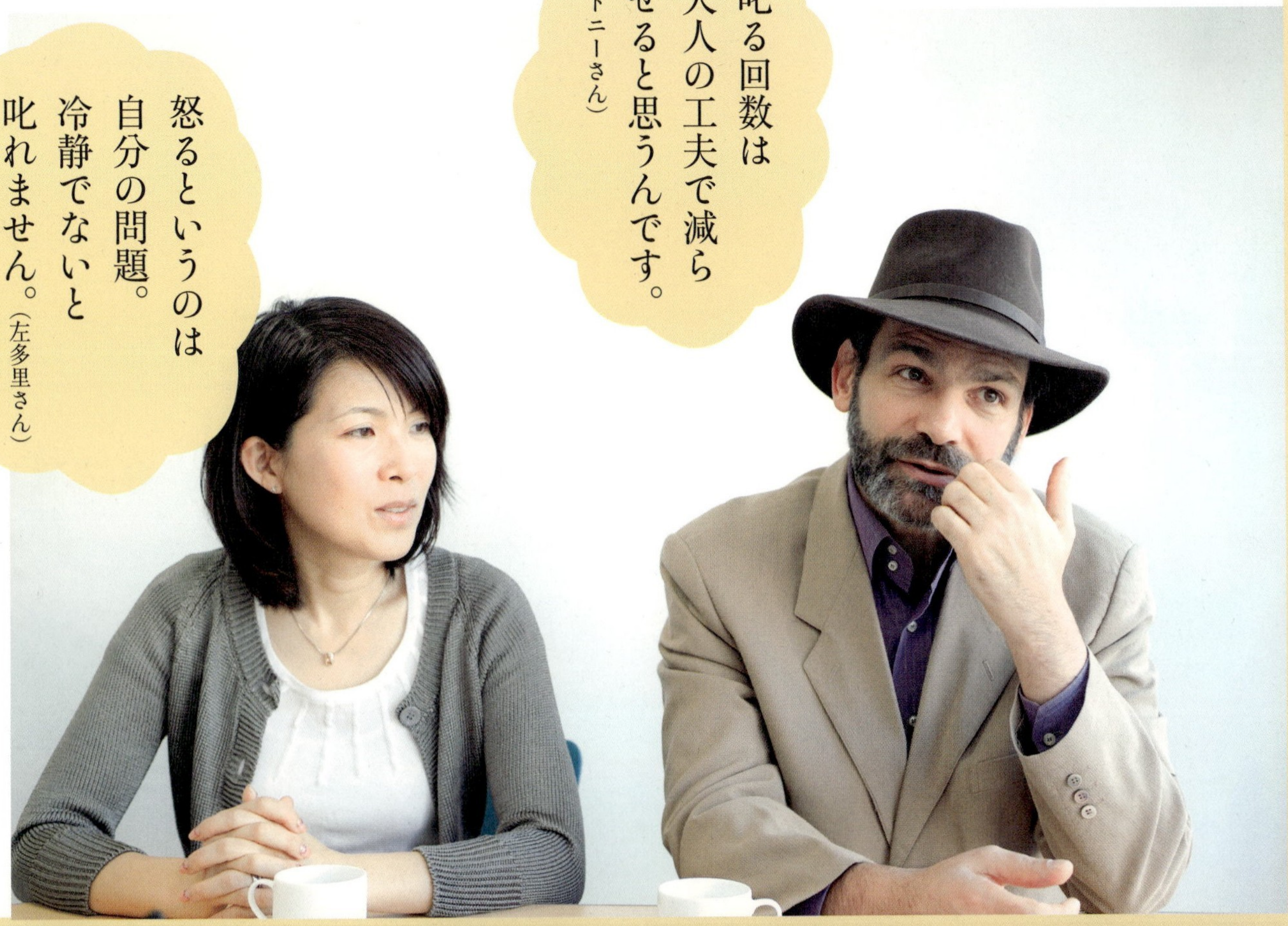

叱る回数は大人の工夫で減らせると思うんです。（トニーさん）

怒るというのは自分の問題。冷静でないと叱れません。（左多里さん）

日々ですけどね。

トニー　叱る回数は、大人の工夫で減らせると思っているんです。

　たとえば、子どもをスーパーに連れて行かない。スーパーへ行ったら、ちょうど子どもの目線にほしがるものが置いてあるから「ほしい！　ほしい！」と騒ぐに決まっている。その局面を避けるためには、最初から連れて行かないことです。怒りがわいてくるようなことを避けるには、子どもにとっての誘惑を排除したり、別のものに入れ替えたり。事前に対策をとるようにしています。

『ダーリンは外国人 with BABY』より引用

ふたりの間にあかちゃん「トニーニョ」が誕生し、定番の『ダーリンは外国人』シリーズに「with BABY」が登場。トニーニョさんがあかちゃんの頃の日々の暮らしがユーモラスに描かれています。
『ダーリンは外国人 with BABY』
小栗左多里＆トニー・ラズロ／著　メディア・ファクトリー／刊

左多里　そうね。ほかのことを提案するというのが、わりと大事だと思うんです。たとえば、レストランに連れて行ったら、子どもはじっとしていられるわけがないので、前もって音の出ないおもちゃを持って行くとか、「やめなさい」だけじゃなくて、子どもの興味が移るものを提案する。どうしてもダメだったら、外に連れて行って料理が来るまで待つとか。

トニー　うん、いまのところはわりと冷静に対応できているつもりです。

ときには「妖精」？の手も借りながら

左多里　うちでは、たとえば食事中にこぼしたときは子どものせいではなくて、悪さをする何かが天井にいる、ということになっています。「またあいつらが来てる！」みたいな（笑）。こぼしてしまうのは、多少は仕方がないので、流せる部分は笑いにして片づけていく。

トニー　この「妖精」みたいなものですが、これは、「ダメ」「コラ」と言う回数を減らしたい、と考えていて、ある日突然、浮かんできたんです。子どもがよくこぼすので、毎回言ってたらものすごい数になる。言わなくてすむように、別の第三者がこぼしたというふうにする。賭けなんですけどね（笑）。だから、かならずしもおすすめできるわけではない（笑）。

左多里　こぼす回数も減るわけではない（笑）。

トニー　それに、責任逃れというのを早いうちから覚えてしまう！　ただ、これによって子どもも（妖精を）「叱る」経験ができる、というメリットがある。うちはひとりっ子。きょうだいがいないということもあって、子どもは自分が優位な立場になって怒れる対象がないんです。でもこぼしたのは「やつら」で、「やめろ、これはダメだ！」と言える。それもまたいいかな、と思っていますね。

また、ぼくは子どもとの会話で英語を使っているんですが、彼が妖精を叱ることで、そのときの英単語が覚えられるわけです。つまり、英語をおしえることにもなるんです。

左多里　あとは、子どもの気持ちをくむ、というのが大切かな、と思うんです。

この間、わたしが食事の支度をしているときに、子どもがインターホンで「開けて」と言っていたんです。ドアを開けてそのまま料理してたんですけど、迎えに来てほしかったみたいで、しばらく部屋の外で号泣していて。で、部屋に入ってきて、わたしのことをドーンって押したんです。そのときは、「ごめんね」と言って膝の上で抱っこしたら、しばらくして落ち着いたんですけれど。

向こうには向こうの言い分、そのときの気持ちがあると思うので、こっちの都合だけで頭ごなしに否定すると、こじれるし、お互いイヤな気持ちを引きずると思うんです。だから、なるべく話し合いをするようにしています。

子どもも対等に扱ってほしいと思っているようで、わりとちいさい頃から、「説明して」とか言うんですよね。だから、彼の理解できる範囲で、納得できそうなことを話す、ということは気をつけています。

トニーニョが食べているものを
それ、ちょっとちょうだいよー
と言うと
一度めは「聞こえないフリ」
ちょっとちょうだいよー
バクバクバク
二度めは一気に食べてしまうんですが…
どう叱ればいいんでしょうか。
注
5才記念に毛、生やしてみました

漫画ではあかちゃんだったトニーニョさんもいまや5歳。［クーヨン］のために小栗さんが特別に描き下ろしてくださいました！

「計画」をもっていたほうがいい

トニー　日本語の会話では「ダメ」と言うことがちょっと多いと思う。言い換えれば、わたしと妻とでは「ダメ」を言う回数がだいぶ違うと思うんです。

たとえば、子どものハイハイについてはだいぶ議論しました。ハイハイはなるべく長くしていたほうがいいみたいですね。でも、東京ではあまり長くできない。その理由のひとつは、家の狭さ。もうひとつは、危ないとか、汚いとかいうことを親が思っていたり。でも、海外へ行くと、皆もっと子どもをハイハイさせている気がする。こういう（コンクリートの）場所が世界的にどんどん増えてきている。ここでさせないということは、ハイハイ自体をさせない、ということになるんですね。だから、親が工夫し、「ダメ」「危ない」「汚い」と言わないで、いろんなところでもっとハイハイさせたほうがよかったな、と思っています。

左多里　とはいえ、家の中ではしていましたよ。すごく汚いところでハイハイさせても、そのあとに手を洗えばいいと思うんですが、子どもがまたその手をなめるんですよね！

トニー　都会の子は環境が清潔すぎると思う。ちいさな子どものときこそ、若干、汚れがからだに入ったほうがいい。ちいさな子どもだから親は守りたいんだけど、その気持ちを多少、抑えたほうがいいかな、と思います。

左多里　ほかには、日本で育っているとお昼ごはんがおにぎり、ということがあると思うんですが、米だけ食べられていれば大丈夫、という感覚が日本育ちにはありますよね。

　ところが、海外に行ったときに、子どもの食べられるものがあまりなくて、お米を中心に食べたとすると、彼は、「栄養が足りていない。次の食事がんばろう」って言うんですよね。「え〜？　1回や2回、ごはんだけで終わっても、絶対この子の将来に響かないから！」って思うんですけど（苦笑）。

　彼はすっごい細かいんですよ、理想が高いというか。子どもの靴も、ちょっと底が減ると「減ってきてる！」みたいな。前はそんなに神経質じゃなかったと思うんですけど、子どもが生まれてから、わが子のために変わってきた？

トニー　うーん（苦笑）。

　「計画」を親がもっていたほうがいいと思うんです。親戚、祖父母がそばにいないので、伝わってくる知恵も限られてくる。だから、話を聞く、本を読むなどして情報を集めて、わが家の「計画」をふたりで話し合って立てるのがいいと思うんです。食べものはこうしたほうがいいとか、ハイハイはこうとか、子育てには考える項目が多いですよね。ひとつの企業を経営していくような、大仕事だと思うんです。

　それが2歳、3歳になるにつれ変わっていく。わたしは「計画」していきたい。とくに、お互いの考え方が違うということがあるので、つねに話し合う努力をしなければいけない。その点においては、たしかに細かいでしょうね（笑）。

左多里　あとは、よく彼の話を聞いていると、ちいさい頃にレストランでうるさくしていたら、本当に何も食べずに帰ることになったりしたという。それはやっぱり、わたしの育った環境とだいぶ違う。わたしはあんまり怒られた記憶がないというか。

トニー　不思議ですよね。日本では、「迷惑になるからダメ」ということばは頻繁に出てくるんですが、そのわりには迷惑かけてるような（笑）。

　ぼくが育った環境はアメリカなのですが、「ほしい〜、ほしい〜！」みたいなかんしゃくは本当にみっともないと思われている。親がちゃんとしていない、この場を壊している、と。「ちゃんとする」とは、子どもがぐずる前ぶれを察知して、その場から連れ出すことなんですね。親は大変ですが、それしかないと思うんです。

左多里　日本より厳しい社会的なルールがあったんだろうなと思います。わたし、叱られていないけどわりと普通の大人になったので、まあ大丈夫じゃない？　と思いますけどね（笑）。

トニー　この理屈に弱いんですよね〜。たしかに（左多里さんは）できがいいので（笑）。

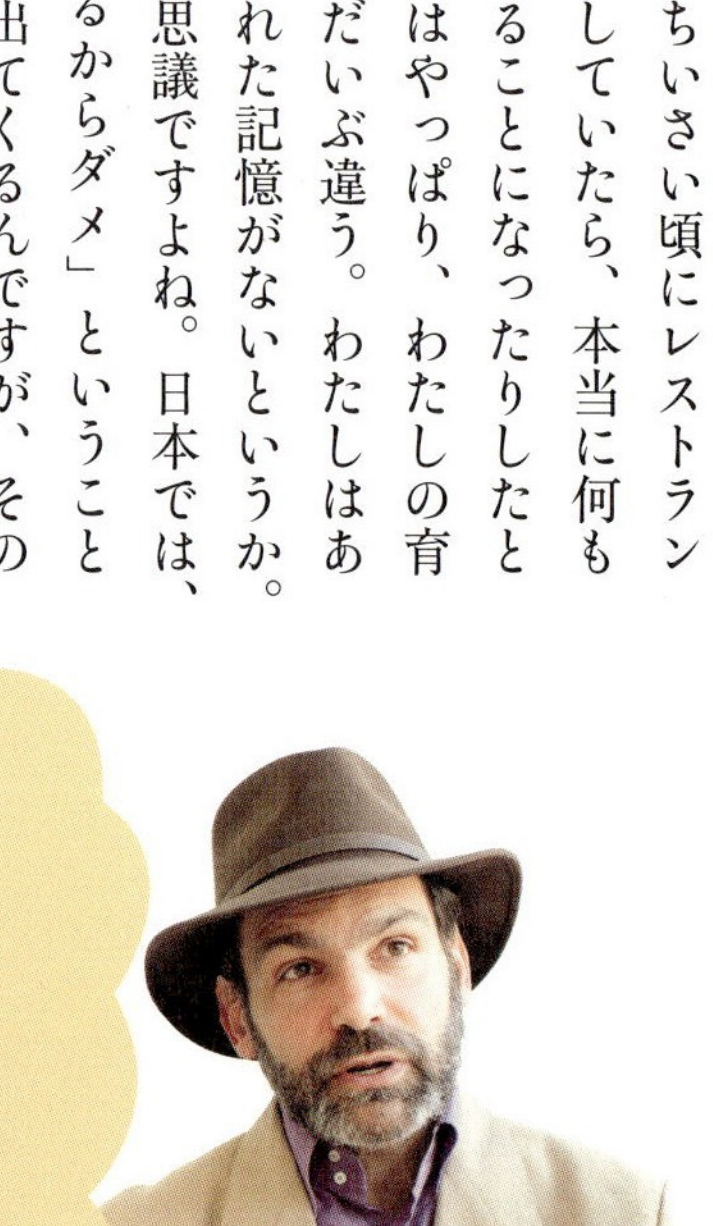

日本語の会話には、「ダメ」がちょっと多いと思う。（トニーさん）

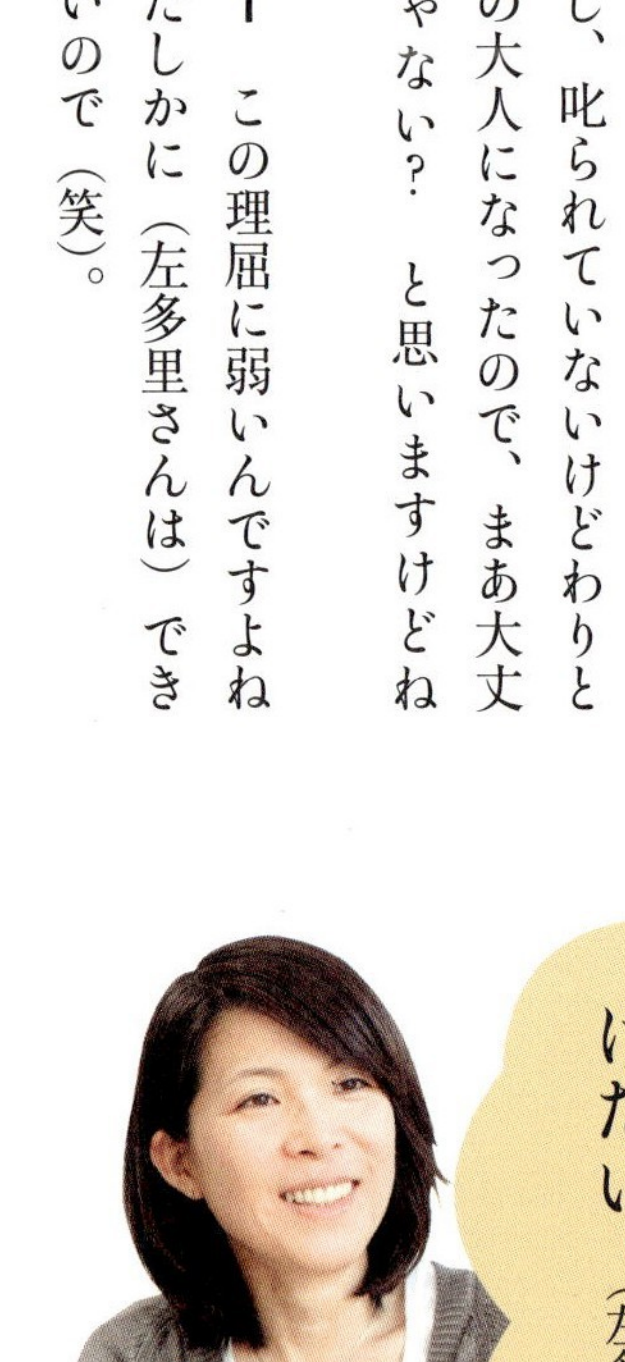

子どもの「対等に扱ってほしい」気持ちをくんであげたい。（左多里さん）

おとなりのコラッを拝見！

どんな場面で叱ってる？

朝

10:30

押し入れからジャンプは、ダメ！

布団を出したり飛び降りたりしなければ、押し入れあそびは黙認。でも中でお菓子をポリポリ……は、さすがに叱ります。

10:45

なかよくじゃれ合い、のつもりが!?

おふざけがすぎてけんかになるのは日常茶飯事。投げたおもちゃが当たって流血騒ぎになったことも。

英太郎さん（5歳）
やんちゃ盛りでいたずら大好きな幼稚園児。

小林美紀さん
地域情報誌編集者。子どもはのびのび育てたい。

小林樹青《たつはる》さん
公務員。柔道部出身の、家では厳しいおとうさん。

直太郎さん（8歳）
負けずぎらいでもの怖じしない、小学1年生。

陽太郎さん（10歳）
シャイだけどとってもやさしい、小学3年生。

［月刊クーヨン］2011年4月号に掲載された記事に加筆・修正しています。

皆さん、いつ、どんなふうに
どんな理由で叱っていますか？
日常の「コラッ」を、ちょっと拝見。
千葉県にお住まいの小林さんご家族の
ある日曜日に、編集部がうかがいました。

取材・文＊阿部久美子　撮影＊泉山美代子

あ、ヤバッ

ゴメンナサイ…

いいお天気だし、みんなでお外でも行ったら？

エーン
よしよし

11:00

外は「コラッ！」のオンパレード

あり余るパワーを外あそびで発散する3人！　上のふたりが高い場所に登ると、英太郎さんもあとをついて登ってしまい……。車が来なければ道路もあそび場。フラフープもいつの間にか違う使い方に。

フラフープアタック、受けてみよ！

トリャー
やめてよー
コラッ

気持ちいー
もー
コラッ
コラッ

好奇心と危険はとなり合わせ……

フェンスを越えると、すぐ下は崖！　美紀さんは怒りを通り越してヒヤヒヤです。

もう少しで登りきれそう！

火の元に気をつけてお手伝い

料理のお手伝いが大好きな3人。とくに英太郎さんは、好物の目玉焼きを自分でつくっちゃうほど！　でも、おばあちゃんからは「子どもが火を扱うなんて危ない！」と言われます……。

卵落とさないようにね

アチチ…

割れた！

昼

12:00

13:00

お待ちかねのお昼ごはん

13:30

おなかいっぱい。ゆっくり休憩。と思いきや…

コラッ

痛いなー

けんかはやっぱり、叱ります

けんか両成敗をこころがけている美紀さん。でも年下の子を一方的にいじめるのは厳禁。そのときは、厳しく叱ります。

住まいの環境も「叱る」につながる？

集合住宅に住んでいるので、階下のひとへの迷惑を考え、あまりに騒がしいときは叱ることに。本当は一軒家だったら叱らない場面かも……。

コラッ

ぼくじゃないよ

えーん

もう、ママがくたびれちゃうわ

愛情があっての「叱る」が大切

どんなにたくさんの育児書をお手本にしても、とっさの場面で表れるのは、そのひとの幼少期の「叱られ体験」では、と美紀さんは話します。

「わたしは、子どもの頃に叩かれた記憶があまりないんです。逆に夫の父はとても厳しいひとで、〈鉄拳制裁〉もあたりまえだったそう（笑）」

陽太郎さんが食事中に飲みものをこぼしたとき、樹青さんがバコッと陽太郎さんを叩いたことが。

「なぜ叩いたのか、と夫にあとで憤りました。こぼしたことよりも、〈謝って自分で拭く〉ことをおしえるほうが大切だと思って」と美紀さん。

「社会に出れば理不尽なことで怒れるときも。それを乗り越える強さをもってほしい。愛情があっての叱りなら伝わるはず」と樹青さん。

対話を大事にしているふたりは、話し合いを重ね、いまはお互いの考え方を理解し合うように。夫婦や親類、ご近所さん、子どもを取り巻く大人の数だけ、その考え方は違うもの。悩みながらも、やんちゃな3人の成長に後押しされ、小林家の子育ての日々は続きます！

ただいまー

夜

18:00

恐怖!? おとうさんの帰宅

残業がなければ、おとうさんの帰宅は18時頃。おかあさんよりも怖いおとうさんの登場に、3人の背筋はピシッと。

18:20

残さず食べるんだぞ

食事のマナー違反には、容赦なくカミナリ

樹青さんの帰りが遅い日以外は、家族そろって夕食をとる小林家。食事マナーにはひと一倍厳しい樹青さん。食べ残したらカミナリが落ちることも。美紀さんは「ちょっと厳しすぎでは」と心配気味。夫婦の間でも「叱る」の考えが違う場面も。

あそぼー
あとでー

18:40

おつかれさま
子どもたちどうだった?

できるだけ、夫婦で話し合って

昼間のやんちゃぶりとうってかわり、食後に静かに将棋を指す陽太郎さんと直太郎さん。夫婦にはおだやかな語らいの時間が訪れます。食後や寝る前など、美紀さんは子育ての悩みを樹青さんに相談。「だれよりもいちばん悩みを聞いてもらってます」と美紀さん。

キャハハ〜
たかいたかーい

「よーし、あそんでやるか!」だったのが……

柔道五段の樹青さん。柔道やプロレスの技で子どもたちとあそびながら、カミナリおやじの威厳ならぬ父の強さを見せつけて……と思いきや、気づけば子どもたち3人の押さえ込み! 「勝負するなら一対一だろ!」。樹青さんの叫びが夜空にこだまします……。

19:30

イダダ…

どうだ、参ったか!

おっ、来るか?
ニヤリ

3人がかりとはヒキョーだぞ!!

現場の声に聞け！

「叱る」大捜査線

イラストレーション＊高畠那生

子育て中の家庭では、いつもどんなふうに子どもと向き合っているの？ 叱るときに気をつけていること、叱らずにすむための工夫を、読者の皆さんの「現場の声」から探ります！

お悩み＆失敗談

子どもを叱るときに、つい以前のできごとをもち出して、あのときもああだったと、くどくど言ってしまうことがあり、よく夫に指摘されて反省しています。
（北海道　きま）

ある日の事件簿

食事どきのイライラにご用心。子どものあそび食べ、好ききらいに、「せっかくつくったのに、もう！」と、つい感情的にブーブー。皆さんもこころ当たりはないだろうか？

［月刊クーヨン］2011年4月号に掲載された記事に加筆・修正しています。

こころ当たりありませんか？

時**間のない出かける間際に子どもがグズグズ言い出し、イライラして大声で「早くしてっ！」**。子どもの驚いた表情が、目が、わたしの胸に突き刺さり、その夜、子どもの寝顔を見て涙が出ました。

（千葉県　匿名希望）

自分に余裕がないときに、つい感情的に怒ってしまい自己嫌悪に……。とくに下の子がワーワー泣いているときに、**上の子に当たってしまいがちです。**頭ではわかっているのに、口が先に出てしまう……。どうにかしたいです。

（愛知県　たいのすけ）

朝の忙しい時間に、次から次へと子どもから要求され、**キャパシティをオーバーしてしまったわたしは、無視することしかできず、**無視された（冷たくされた）娘は大泣きしてしまった。

（神奈川県　にっこりーの）

夜の歯磨き。**磨く磨かないで、毎晩のように子どもとケンカ。**強く言ったりやさしく言ったり……（中略）最後は感情的に怒鳴る→余計にダメ→結局こんなやりとりに疲れて寝てしまう。

（山梨県　奥秋晴香）

食**事に関して怒ってしまうことがほとんどです。**これなら食べてくれるかなと考えてつくったものを、ひと口食べてお皿をひっくり返されたときは、「あそぶなら食べなくていい！　もう！」と、ガチャッとお皿をテーブルに思いっきり置いてしまい……娘はびっくりしたようすでわたしの顔を見つめていました。手を出しちゃいけないと思うと余計イライラします。

（神奈川県　匿名希望）

おむつがなかなか取れなかったとき。**義理の母の手前、焦り、自分では「まだいいかな」と感じていたものの、ときどき怒って泣かせてしまいました。**だんだん「もういいいや、この子のペースがあるんだ。見守ろう」と思えるようになり、その後間もなく、無理なく自然におむつとはさよならしました。

（東京都　匿名希望）

朝の寝起きが悪く、眠くて寒くて毎朝泣く娘。泣き声が止まるのを待てないと、つい**自分が親から言われていやだった「おどし」のようなことばを使ってしまった。**

（新潟県　匿名希望）

離乳食が進まず、受けつけてくれない、とイライラしてしまい、つい感情的に怒ってしまったが、ある日の原因は手足口病で、ただ食べないからと怒ってしまったことに反省。**怒る前に原因を考えたり、ひと呼吸して落ち着かなくてはいけないな、**と思いました。

（千葉県　リョッタ）

わが家の叱り方

口で言い負かさないようにする。以前、「どうして話してくれないの？」と聞いたら、「どうせ口ではかあさんに負ける」と言われたことが……。

（北海道　のはら山羊）

両親そろって子どもを叱らない。片方が叱っているときは、もう片方は叱りません。フォローしたり、いつでも逃げ道をつくっておくようにしています。

（東京都　うつぼっち）

事件発生！さあどうする？

ある日の事件簿

たとえばパパが怒っているとき、ママも一緒になって叱らない。子どもにかならず逃げ道をつくってあげるという配慮をしている家庭が多数見られた。

あとで時間がたってから言わない。ちゃんと顔を見て話す。**「きらい」「ばか」「ダメな子」のようなネガティブワードは絶対言わない。**何でダメなのか、何で叱ったのかをちゃんと話す。

感情的に、自分の都合で叱ってしまったらちゃんとあやまる。

（宮城県　ぷにすけ）

ときと場合によりますが、**かならず子どもの話を聞いてから叱るようにこころがけています。**感情的にならないように、時間をかけて話します。

（京都府　匿名希望）

できるだけ子どもの目線に合わせる。外で親以外の大人に叱られてきたときは、すぐに自分で報告させて、反省していれば、家では話を聞くだけにする。**父母ふたりで叱らない。どちらかがフォロー役にまわる。**

（福岡県　緒方和子）

ついつい気になることは口に出してしまうほうです。そうすると、一日にいったい何度叱るのか……と思うほど多くなってしまうので、**こころに決めて、叱ることは3つ。**「いのちに関わること」「ひとを傷つけること」「お互いに決めた約束をやぶること」。これ以外はなるべく大目に見るようにこころがけています。

（岐阜県　竹内智子）

「ダメ」は使わない。「～してはいけない」も使わない。たぶん、大人がそれを使いたくなるのって、子どもが動きはじめたり好奇心でいろいろ試したくなる頃からではないでしょうか。（中略）遠くから大声で止めるのではなく、傍らに行き、となりでものごとを見て、話せば、子どもの気持ちがよくわかり、大人の思いも伝わりやすいと思います。

（愛知県　りょうたのママ）

「おにいちゃんなんだから」「もう4歳なんだからできるでしょ」のように、本人にはどうしようもない要因で叱らない。論理的に、たとえばケンカのとき、「○○をすると○○になって、○○がケガするからよくないよね」と静かに言う。

（青森県　杉山泰子）

ある日の事件簿

子どもの話に「耳ダンボ」。叱る前に、まずは子どもの言い分を聞いてから。叱るポイントをはずさないためにも、大人は冷静な目をもちたいもの。

叱らずにすむコツ

感情的になりそうなときは、大きな声でうたってます（苦笑）。自分の気持ちを歌詞にして。

（茨城県　匿名希望）

軽度の悪いことをしたら、こちょこちょ〜とか、おしりペンペンのふりしてくすぐるとかつまむとか。**笑いにもっていく**。もちろん、本当に悪いことをしたら真剣に話をする。

（青森県　杉山泰子）

悪いことをしたら「**鬼が見てるよ、夜、夢に出てくるよ！**」と言う。

（長崎県　じじるんるん）

叱らなくてもすむように、壊されて困るものを手の届くところに置かない。**新聞など紙をびりびりにやぶいて、大きいダンボールに入れて紙プールにしたりして、子どもの気持ちを発散させる。**

（広島県　リコママ）

ある日の事件簿

子どもと向き合うときに、自分の感情をいかにコントロールするかも重要なポイント。こちらの家庭では、カッとなって怒る代わりに、自分の感情を歌にして伝えている模様。

事件は未然に防ぎたい！

モンテッソーリ教育を知ってから、子どもの勝手に見えるような行動にも意味があることを理解できるようになりました。頑固に動かないときは、ほんの少し自分の気持ちに余裕をもって待ってみると、叱らずにすむときがあります。

（神奈川県　越野美樹）

服屋さんなどで走って追いかけっこをする子どもには、**追いかけっこを叱るのではなく、ルールを決めています。**1走らず早歩きでする。2服に触ったり、ひとにぶつかったりしたらアウト。など、その行動力、あそびを否定しないこと。

（滋賀県　ヘンリーネック）

買いものに行くとややこしいことが多いので、ほとんど宅配や通販ですませています。

（大阪府　あらうた）

料理をしているとわーわー言うので、**子どもの「ぼくも見たい」「やりたい」という気持ちを優先して、**抱っこして見せてあげて、ついでにものの名前をおしえたり、一緒に混ぜたりして感触をたのしませてあげる。一緒にできないことはあとまわし。

（京都府　久保村美由紀）

どこかに出かける前に、「きょうはお菓子を買わない日だよ」など、**前もってダメなことを子どもに伝えておく。**

（東京都　佐々有希子）

子どもをおなかのすかせた状態にしないように、おにぎりなどを持ち歩く。**おなかがすいてくると、グズグズ、イライラしてくるから。**

（愛知県　たんたん）

ある日の事件簿

スーパーに連れていく前に、何やら約束ごとをしている模様。「きょうはお菓子は買わない日だからね」。なるほど、事前に子どもに話しておいて、だだこね対策というワケ。

「叱り下手歴」二十余年

山本ふみこ

イラストレーション＊あずみ虫

「叱る」と「ほめる」の話だというので、困っている。

わたしは、ほんとうに「叱る」が苦手で、これまでに、子どもをいい具合に叱れたことなど、一度もなかったと言ってもいいほどだ。

がみがみ、ぎゃんぎゃんは、ある。

それは、子どもに道を諭す、誤りを正す、という大人らしい行為などでは全然なくて、ただ、こちらの頭に血がのぼっての、がみがみ、ぎゃんぎゃん。

一方「叱られる」には慣れている。

大人からもたびたび叱られたが、自分の子どもたち――彼らがごくちいさい頃から――にも、叱られた。

「おかあさん、昨日、わたしたちを叱ったけどね、叱ろうとするとき、前のこと、前の前のこと、前の前の前のこと、ぜーんぶひっぱり出して叱るの、だめだと思うよ」

そうか、言われてみるとそうだなあ。あわてて、「ごめんなさい」を言う。

そうでなくても、感情的にがみがみ、ぎゃんぎゃんなので、「叱ったことはわるくないと思うけど、叱り過ぎてごめん」とあやまることも少なくない。

＊

子どもを「よく叱る」のも大事。そして「ほめる」のはそれよりもっと大事だと思うが、もっともっと大事なことがある。

「あやまる」

大人は、子どもに向かって、「ありがとうは？」とか、「ごめんなさいは？」とか、何かというと、すぐにうながす。挨拶と、心持ちをコトバにして相手に伝える意味をおしえたくて。

けれども、ほんとうは――。

大人自身が、まちがうこともあり、迷いや不安からとんでもないことをしでかすことのある、存在だ。それなのに、大人は「ごめんなさい」がうまくない。

とくに、あやまらなければならない相手が、子どもの場合はなおさらである。大人に「ごめんなさい」を言われたことのある子どもは、それだけで、大人に親しみと尊敬の念を抱くのじゃないかなあ。

わたしは、そうだった。幼いころ、わたしのまわりには（たくさんじゃないけれど）、「ごめんなさい」を言ってくれる大人が、たしかにいた。そのたびに思うのだった。ああ、大人になるのはわるくないなあ、と。

「不祥事」という名のもと、大人が斜め45度に身体をまげて頭を下げて見せる、あんなのが大人の「ごめんなさい」だと、子どもに思われているとしたら……。わたしたちは、未来の「よく叱る」も「ほめる」も、そして「ごめんなさい」もつくれないことになる。

やまもと・ふみこ　随筆家。簡素な暮らし、おいしくつくり食べる生活術を描いたエッセイで、読者の支持を得る。著書は『子どもと食べる毎日のごはん』（岩崎書店）、『親がしてやれることなんて、ほんの少し』（オレンジページ）など多数。

〔**実践篇**〕

シュタイナー、モンテッソーリ……
ここではいろいろな角度から、
子どもに対する大人の姿勢や
「子どものこころに届く伝え方」をご紹介します。
ご紹介するものは、あくまでアドバイス。
いろいろな考え方がありますが、そのなかから
自分らしく子どもに向かい合えるヒントを
見つけてみてください。

子どもに「ダメ」を
うまく伝える方法、
ないかなぁ……。

「叱る」から「伝える」へ

考え方が変わると、子どもとの距離感も変わります。

「してはいけないこと」「してほしくないこと」をどう伝えるか……。さまざまな子育て観にもとづくアプローチを知る前に、〝どう子どもと向き合うか〟の基本となる考え方を子育て相談でも経験豊富な内田良子さんにおうかがいしました。

お話＊内田良子さん（心理カウンセラー）
イラストレーション＊高畠那生

ことばだけではうまく伝わらない

ここ数年「叱る」ことへの関心が高まっているな、と感じます。とくに1歳半～3歳の「イヤイヤ期」のお子さんをもつ親御さんは大なり小なり「叱り方」「しつけ」に悩んでいるようです。「感情的になってしまう」ひと、「肝心なときにピシッと言えない」ひと、さまざまです。

でもしつけも叱ることも、やがて社会に出て生きてゆく子どもたちが困らないように、「してはいけないこと」「してほしくないこと」を理解して身につけてもらうのが最初の一歩なはずです。

「何度言ったらわかるの」「ちゃんとあやまりなさい」というお小言の決まり文句に象徴されるように、悩み多き親御さんの多くが、子どもとのコミュニケーションを「ことば」に頼りすぎているのでは、と感じます。

「子どもらしさ」受難の時代に

現代社会は、まだ幼いうちから子どもに品行方正さを求めがちです。聞き分けのよさやお行儀のよさは、「子どもらしさ」よりも歓

うちだ・りょうこ　心理カウンセラー。子ども相談室「モモの部屋」を主宰し、登校拒否、不登校、非行、ひきこもりなどのグループ相談会を開いている。著書に『幼い子のくらしとこころQ&A』『子育てはなぞとき』（ともにジャパンマシニスト社）など。モモの部屋　電話 03-3322-1533

一見不可解な子どもの行動がメッセージに変わるとき

大人と子どもが対立する原因の多くは、子どものことばや態度の意味と、大人の受け取り方とのギャップのせい。

ちいさい子どもは、自分の気持ちや考えを適切に言語化することができません。たとえば大人は、子どもの「イヤイヤ」を「拒否」だと考え、その反応に対してときには感情的になったりします。ところが子どもに他意はなく、あくまで「ちょっと待って」「あとでするから」という「主張」でしかないのです。そのギャップを埋めるには、子どもの思いをことばで捉えて、「言い分はわかったよ」とことばで返すことです。目の前のできごとを注意深く見ていれば、ことばとは裏腹な、子どもの本当の要求が感じられるはずです。

迎されやすいですし、少しばかりワンパクだったり天衣無縫な振る舞いをすると、眉をひそめられることも少なくありません。

そうした親に向けられる「しつけの責任」への厳しい視線は、無言のうちに親へプレッシャーを与えてはいないでしょうか。ちいさい子どもをもつ親御さんにはぜひ、わが子を叱る前に、一見不可解な子どもの反応や振る舞いが、子どもの成長にとって不可欠なステップなのではないか、本当に叱らなければならないことか、立ち止まって考えてほしいと思います。

子どものこころに届く働きかけを

子どもにきちんと「伝え」て「理解」してもらう基本は、子どもの要求を的確に理解するために、泣き声やかんしゃくがはじまったらすぐに現場に行きます。必要に応じて手をさしのべ、応えられる距離で見守り、強い語調や大きな声ではなく、近くでこころに届くように話しかけます。

この本で紹介する方法は、その意味では高圧的に「叱る」のではありません。どれも子どもの気持ちを理解し、子ども自身の力を尊重するものです。何を選ぶかは、お子さんの個性や年齢、親御さんの価値観などで決めてよいと思いますが、ぜひ、メソッドありきではなく、いまそこにいる子どもと親であるご自分との関係を大切に選んでくださいね。

シュタイナーの視点から

子どもを「叱る」大人の姿勢って？

シュタイナーの人智学に共感し、イギリスと日本で娘の歩陽《ぽぴー》さんをシュタイナー園に通わせてきたシュネック倫子さん。同じ「叱る」でも、少しのこころがけで親子ともラクになるというコツをおしえてもらいました。

お話＊シュネック倫子さん（ヒーラー）
撮影＊宮津かなえ

叱り方は年齢によって

お連れ合いの都合で、イギリスから日本へやってきたシュネック倫子さんご家族。イギリスでの子育ての経験から、倫子さんがまず実感したのは、子どもは「4歳まではまだ相手の立場に立つことができない」ということ。

「たとえば、2歳児がお友だちを叩いたときに『○○ちゃんが痛いでしょう？』などと言っても、実際にはまだ本人はピンとこない。でも、わたしたち親は一生懸命それを説明しようとして、しまいにはそれが怒りに変わってしまう。4歳までは相手の立場で考えることがまだできないんだ、ということが前提にあると、きっと親のストレスも減ると思います」と倫子さん。だからこそ、叱り方は子どもの年齢によって変えていくことがポイントだと話します。

さて、倫子さんが実際に行っている「叱り方」の具体例を見ていきましょう。

シュネック倫子さん流 子どもとの向き合い方

4歳頃まで

●安全第一の環境をつくる

ちいさな子どもは、まだ何が危険なことかがわからないので、「危ないじゃないの！」と言わなくてもいいように、触ってほしくないものは手の届かない場所に移動するなど、とにかく安全第一の環境をつくることが大切。

●まずは親が手本を示す

たとえば、「ごめんなさい」が言えないなら、まず親があやまってお手本を示します。この「手本と模倣」の考え方は、シュタイナーの幼児教育の基礎といわれています。

●後ろから小声で諭す

シュタイナー教育では、目を合わせて話すとちいさな子どもは萎縮してしまうと、考えます。とくに悪いことについて諭すときには、後ろから小声で話してみて。（左ページ参照）

●ときには大げさにリアクションしてみる

たとえば、親が子どもにひっかかれたときに、「痛～い！」と、実際の3倍くらい大げさに演技してみせると、「あやまりなさい」なんて言わなくても、子どもから「大丈夫？ごめんね」と驚いて言ってきます。

そこから少しずつ、相手の気持ちが理解できるようになってくると思います。

●子どもと一緒にやる

拭いてあげてもまたこぼす、拾ってあげてもまた投げる……延々とくり返されるストレスを回避するには、これまで大人がしていたことを、子どもの手を取り一緒にやること。たとえば、こぼしたら一緒に拭くようにすると、子どもも面倒なので、そのうちこぼさないように。

ことばで説明しようとせずに、無言であたりまえのように振る舞うのがコツです。

後ろから小声で諭す

ちいさい子には、目と目を合わせて話しても萎縮するだけ。とくに悪いことについて諭すときには、後ろから目を合わせずに言います。まずは大人が子どもを膝にのせて、安心感を与えましょう。そのうえで、静かに小声で諭します。ひとのからだは左側のほうが「受けとめる」ことが得意なので、左耳に向かってささやくほうが効果的。

それ以降

●からだを使って きっぱり叱る

子どもと同じ目線ではなく、上から子どもを見下ろした状態で、きっぱりと叱ります。大人は子どもを引っ張っていく存在。威厳ある態度で導いて。（写真下参照）

●叱ったあとは かならずフォロー

叱ったあとは、子どもを抱きしめるなどのフォローを。（P41参照）

●子どもの気持ちを 代弁する

子どもの気持ちをくみとって代弁してあげると、それだけで子どもは満足します。たとえば、だれかのおもちゃに手を出したときに、頭ごなしに「勝手に使っちゃダメでしょ！」と叱るのではなく、まずは「○○ちゃんはこれを使ってみたかったんだよね」と代弁してあげてから注意します。これは年齢によらず言えること。

●叱ることを 回避しない

たとえば「ダメ！」とだけ言っても、なぜダメなのかを伝えなければ意味がありません。また、子どもを「にらむ」ということをする親が日本では多いように感じますが、そのことで、子どもに「ダメだよ」ということを伝えてはいるものの、その理由は伝えていません。これも結局は叱ることを回避することに。これでは、子どもは親の見ていないところならばよいとばかりに、陰でコソコソ悪さをするようになってしまうのでは。

●「いい親」になろう とがんばりすぎない

理想は「冷静な親」でも、つい感情が先走る体験はだれにでもあるもの。そんなときは、自分の感情に素直に。もしきつい言い方をしてしまったとしても、あとであやまれば子どもは許してくれます。親が素直であることは、子どもを「素直でいていい」と安心させることにもなるので、自分を責めないで。

上からきっぱり叱る
叱るときは、上から子どもを見下ろした状態で。子どもをお姫様、王子様にしない、大人の言うことには意味があるのだ、というスタンスを、からだを使って示します。注意は短くきっぱりと。ぐちぐちといやみを言わないことも大事です。

これはNG！ 子どもの目線で叱る
大人が子どもの目線で目と目を合わせて叱る……よく見る光景ですが、これでは効果が薄れてしまいます。

叱ったあとは

かならずフォローを

叱られた子どもはこころ細い気持ちに。叱ったあとは、かならずフォローをしてあげて。

大人のメンタルケアに……

フラワーレメディ

おすすめのレメディ

●チェリープラム…いまにもキレそうなヒステリックな状況のとき。
●アグリモニ…本心を隠してポーカーフェイスを装っているひとに。
●エルム…親としての責任感が強いひとに。
●インパチェンス…イライラしたときに。
●レッドチェストナット…子どものことが心配で仕方のないひとに。
●オリーブ…親業に疲れきってしまっているひとに。
●ラーチ…親としての自信がもてないひとに。
●ホワイトチェストナット…とにかくあらゆることが心配でたまらないひとに。
●ウィロー…ひとと比べて「何でわたしだけこんな目に？」と思っているひとに。
●セラト…子育てに迷い、ひとの意見に左右されがちなひとに。
●ホリィ…愛情深くなりたいひとに。

飲み方

必要だと思うレメディを調合用のボトルに4滴ずつ入れて（7種類まで混合可）、水で薄め、これを1日4滴飲む。ボトルなどに1日分用意しておき、こまめに口にするとよい。量よりも頻度が大事。これを2週間続けてみて。

カッとなったら 2回息を吐いて

幼少の頃を振り返り、倫子さんがこんなことを話してくれました。
「子どもの頃を思い起こしてみると、父親に叱られた記憶はひとつしかありません。父親のそれがいまでもこころに残るのは、その叱り方が感情に任せず冷静だったから。本当のしつけというのは、親が自分の感情を脇に置き、冷静になって叱ることなんだなということに、あらためて気がつきました。

とはいえ、人間ですからときには感情的にもなるもの。カッとなったときには、まず2回息を吐いて、冷静な気持ちに戻るようにしています。

もし、何度も続けて感情的に怒ってしまう状況に陥るなら、フラワーレメディ*（右記参照）の助けを借りるのもひとつの方法だと思います」

子どもを叱る前に、自分の感情と向き合うことも大事ですね。

しゅねっく・みちこ
ヒーラー。保育士の資格ももつ。ロンドンで結婚し、子育てをするなかでシュタイナー教育と出会い、子どもとの向き合い方ががらりと変わる。

＊フラワーレメディ…1930年代にイギリスの医師エドワード・バッチ博士が、38種類の花のエネルギーが否定的な感情や精神に働きかけ肯定的感情へ置き換えていくことを発見。こころのバランスを取り戻すための自然療法として開発された。クレヨンハウス（東京店 TEL 03-3406-6465、大阪店 TEL 06-6330-8071）でも販売中。倫子さんが使っているのは、イギリスのエインズワース社のもの。日本では未発売。インターネット通販で購入可能。http://www.ainsworths.com/

シュタイナーの子どもの気質

つい自分の子とほかの子とを比べてしまうこと、ありますよね。「みんな違っていていい」とあらためて思えるシュタイナーの「気質」の考え方をご紹介します。

お話＊堀内節子さん（にじの森幼稚園園長）

気質の違いを理解すると子育てがラクになる

ひとには、それぞれ「気質」[*1]があります。シュタイナー[*2]は、「気質」は、「胆汁質」「多血質」「憂鬱質」「粘液質」と4つの特徴で分類することができ、誰もが皆、この4つの気質をもち合わせていると考えました。そのうち、強く出ている気質を上手に受け止めて、よいところを伸ばしていくのが理想です。メインとなる気質を見極める手立てとして、4つの気質を簡単に見ていきましょう。

胆汁《たんじゅう》質

エネルギッシュ。正義感にあふれ行動的だが、自分の思うようにならないと、暴れることも。

多血質

明るく、子どもらしい。何度言ってもすぐ忘れ、叱ってもあまり傷つかない。

憂鬱質

芸術性が高く、考え深いので、親を困らせない。神経質でいろいろなことに傷つきやすい。

粘液質

何をするにもゆったりとしている。内側にファンタジーをたくさんもっている。消化器が順調だと気分がよく、食べることが好き。

重要なのは、子どもの気質を特定することではなく、誰にも「気質」という個性があることを理解することです。「何でこの子はいつもこうなんだろう」とか「上の子はできるのに、下の子は……」と思うときは「この子の気質がそうさせている、同じきょうだいでも気質の違いがあるんだ」と思えれば何でもない。少し距離を置いて子どもを見つめられます。

折り紙が上手にできなかったり、わがままやトラブルが多いようなときも「この子のなかの何がそうさせているのか」と考えてみると、その子の「気質」が見えてきます。それぞれの気質にはマイナス面と表裏一体の、プラスの面があります。子どもの失敗は、プラス面を発見するチャンスでもあるのです。

子どもは、それぞれの気質によって、同じ語りかけを違うふうに受けとります。その子の気質にうまく働きかけることができればプラス面が磨かれます。また、「叱る」ことは、気質を否定することでもあり、度重なると、マイナスの部分ばかりが出てくることにもなります。

親の気質と子どもの気質との相性もあります。たとえば胆汁質の母親には粘液質の子どもが怠慢に見え、つらく当たりがちに。憂鬱質の子どもは繊細なので傷つけてはいけないと感じ、一歩引きがちです。

気質は、生まれもった遺伝的なもの（体液の特徴）に、生まれながらもっているこころ（自我）がどう働きかけるか、によってつくられていきます。幼児期には母親の気質に影響されることが多いのですが、そこで子ども本来の気質を生かせると、「その子らしさ」を伸ばせるのです。

ほりうち・せつこ　にじの森幼稚園前園長（愛知県豊橋市）。シュタイナーの思想を取り入れている。著書に『0歳から7歳までのシュタイナー教育』（学習研究社）がある。

もっと詳しく知りたいひとへ

『4つの気質と個性のしくみ』
ヘルムート・エラー／著
鳥山雅代／訳
トランスビュー／刊

『自己肯定感の育て方』
波多野ミキ、今井和子、堀内節子、大村祐子／著
ほんの木／刊

＊1 気質…もともとは、ギリシャ時代、医師ヒポクラテスが医学に用いた、血液やリンパ液などの体液の流れ方の特徴を表す考え方。　＊2 シュタイナー（ルドルフ・シュタイナー）…旧オーストリア帝国（現クロアチア）生まれの哲学者。自然科学、数学、哲学を学び、ゲーテ研究に取り込む。人智学を確立。　［月刊クーヨン］2008年9月号に掲載された記事に加筆・修正しています。

気質と食、シュタイナーの知恵

「食」を変えると子どもが変わる!?

何を言ってもイヤイヤ、キーキー……。
子どもがどうしても
聞き分けがなくてこまっちゃう!
そんなとき、もしかしたら食べもので
何とかできることもあるのでは?
そこで、陣田靖子さんに、シュタイナーと
マクロビオティック、両方の観点から
子どもの気質と食べものとの
関係についてお聞きしました。

お話＊**陣田靖子**さん（料理研究家）
イラストレーション＊升ノ内朝子

料理家の経験と日本人の食生活から

シュタイナーの哲学は非常に奥深く多岐にわたるので、実はまだ完璧に理解しているわけではないのですが、これまでシュタイナーについて勉強しながら、料理研究家としての経験から得たものを交えてお話ししたいと思います。一部主観が入ってしまいますが、そこはあくまでも一意見としてとらえていただければと思います。

まず「4つの気質」についてですが、シュタイナーは、人間は「胆汁質」「多血質」「憂鬱質」「粘液質」の4つの気質の要素を合わせもったものだと考えました。そのなかで、どの気質の要素が強いかによってそのひとのベースとなる気質を判断します。さらにシュタイナーは、その気質ごとに、相性のいい食べものがある、としています。

「胆汁質」の子なら、雑穀や生野菜、甘いもの。「憂鬱質」なら、はちみつなどの甘いもの。根菜類は少なめに。「粘液質」なら雑穀、葉菜、塩味の効いたものをとり、卵は避ける。「多血質」の子には塩辛いもの、乳製品、甘いものを。ここで言う甘いものとは、上白糖のようなものではなく、少量のメープルシロップやドライフルーツ、甘味のある野菜などの天然の甘味のことを指します。また、塩辛いものというのも、子どもはふだんから薄味がいいので、それよりもちょっと塩気を感じる程度と考えてください。また、これは料理家としての経験からですが、日本人の場合は、海藻類もこの塩辛いものの仲間に入れていいのではと思っています。シュタイナーの考えでは、海藻類の食べすぎはいけないとしているようですが、日本人の食習慣は西洋とまた違いますよね。

このように、今回は日本人の食生活という観点も取り入れながら、各気質と相性のよい食べものについて詳しく見ていきたいと思います。

じんだ・やすこ　yasming's kitchen主宰。ヘルシー料理研究家として、玄米菜食と米粉の料理教室を開講。現在、ふたりめのお子さんはシュタイナー学園在学中。著書に『100%米粉のパン＆お菓子』（家の光協会）など多数。http//www.yasming.net/

[月刊クーヨン]2009年7月号に掲載された記事に加筆・修正しています。

陣田靖子さんの経験から

子どもの気質と相性のいい食べもの

子どもがどうしても聞き分けのないとき、
どの気質の特徴がもっとも表れている？
子どもをよ〜く観察しながら、それぞれの気質と
相性のよい食べものを食べさせてあげて。
困った状態がふっと落ち着くかもしれませんよ。

胆汁質には緊張をゆるめるものを

シュタイナーの考えでは、胆汁質の強い子は、火のように熱い性格で感激家などと言われています。

先ほど、胆汁質には雑穀や生野菜、甘いものを、と言いました。胆汁質というのは、とりわけ自我を表に出す気質で、いつも緊張が強いので、その緊張をゆるめる食物が必要だ、ということなのだろうと思います。その意味で、ちょうどこの雑穀や生野菜、甘いものがそれに当たります。雑穀に関しては、ミネラル分が多いので、神経系に作用するといわれていますし、生野菜にはからだをゆるめる作用があることは、これまでの料理の研究のなかでもわかっていることです。また、シュタイナーは、甘いものには「道徳的な領域において必要な無私の精神との釣り合いをとる」要素があると言っています。胆汁質は自己意識が高いので、社会生活のなかで周囲とのバランスをとるために甘いものが必要だとしているのではないかと考えています。

わたしの下の子も胆汁質が強いのですが、おもしろいことに、甘いくだものや生野菜を好んで食べています。上の子は反対にそういったものをほしがりません。きっとからだが必要としているものを自然と欲しているのでしょうね。

胆汁質

火・赤のイメージ

おもな特徴

- 筋肉質のがっしりした体格。
- 態度やことばづかいはきちんとしているが激しさがある。
- かかとで地面を蹴飛ばすように歩く。
- 生き生きとして活発で刺すようなまなざし。
- 愛憎が激しく怒りやすい感激家。
- ものごとの本質を把握することに優れている。
- ものごとの白黒をはっきりつけたいタイプ。
- 決断力に富むリーダー格。
- 他人に対して権力的な態度をとりやすく、他人に厳しい。

イヤイヤ時にこの気質が強く出ているときの子どものようす（一例）

顔を真っ赤にして、火がついたように激しくイヤイヤ。とても頑固に。

相性のよい食べもの

- 生野菜
- 甘いもの（ドライフルーツやバナナなどの天然の甘味）

多血質

風・黄のイメージ

おもな特徴

- 均整のとれた体格。
- 態度やことばづかいは生き生きとして明るい。
- おどるようにつま先立って歩いている。
- 感情が刺激されやすく、快・不快、よろこびや悲しみに敏感。
- たのしいことが大好きで、ユーモアがあり明るい人柄。
- 世の中のあらゆることに関心をもち社交的。
- 理解力に優れ、想像力豊かだが、熟慮はしない。
- 持続力に欠け、途中で投げ出しがち。
- 自分をコントロールしにくく、印象に左右されやすい。

イヤイヤ時にこの気質が強く出ているときの子どものようす（一例）

「○○しなさい」と言っても、ころころと気分が変わって集中力がないようす。

相性のよい食べもの

- 塩辛いもの（みそ、しょうゆ、塩、海藻類）
- 乳製品（人工的な処理が施されていない、低温殺菌などが望ましい）

多血質は地に足をつけるべく

多血質には塩辛いものや乳製品がよいとされています。多血質は、感情への刺激を受けやすく、いつも風のようにフワフワしている印象です。シュタイナーは、塩気や乳製品は「地上とうまく関わりながら立っていられる状態をつくる」ものとしていますので、フワフワした状態を、地に足をつけるために必要だということでしょう。

ここで言う乳製品とは、人工的な処置が施されていない、むかしからの方法でつくられた純粋なものを指しています。乳製品アレルギーの方が多いですが、それはむかしと製法が異なり人工的な殺菌処理などが行われるようになったことも一因ではないかと思います。

塩辛いものについては、みそ、しょうゆ、塩などの塩気に加えて、海藻類も含めてよいのではないかと思います。海藻類はからだを陽性にしてくれるので、陽性に傾くと、どっしりと地に足がつくようになります。シュタイナーも東洋哲学に精通していたと聞きますから、もしかしたら、食物の陰陽についても、念頭に置いてのことかもしれませんね。

上の子は多血質。これも偶然なのか、海藻類や乳製品が大好きなんです。よく見ると多血質に憂鬱質が混ざったような気質なのですが、そのせいか、ヨーグルトに何か添えるにしても、下の子がジャムを選ぶのに対して、上の子ははちみつを選ぶことが多いんですよ。

憂鬱質には甘味でたのしみを

シュタイナーは、憂鬱質が強く出ている子には、甘いもの、とくにはちみつが必要だと言っています。はちみつはからだの形成力を高めるものなのだそう。冷静で内向的、繊細な印象の憂鬱質は、頭でばかり考える傾向があり、どうしても内にこもる性質をもっているので、おそらく、からだの形成力を高めるためにこうした食物が必要なのだと思います。

子どものうちは、思考よりも、どちらかといえばからだを育てるのに大事な時期ですから。また、憂鬱質は、とかくマイナスの方向へ考えがち。ですから、ここで甘いものが必要とされているのは、きっと内的な快楽を求めるからなのではないか、と思っています。ちょっと甘いものでた

憂鬱質

地・青のイメージ

おもな特徴

- 骨格がしっかりしているが繊細な印象。
- 態度やことばづかいはゆっくりと慎重。
- 前かがみで、ひとの後ろからとぼとぼ歩く印象。
- 冷静で内向的。
- 失望しやすく、不満や苦悩に陥りがち。
- 非社交的で孤独な印象。
- 思考活動が活発で探求心が強く、ものごとをそのまま受け取らない。
- 独創性があり、想像力が豊か。
- 固定観念にとらわれがち。

イヤイヤ時にこの気質が強く出ているときの子どものようす（一例）

いつまでもメソメソと理由をつけてぐずっていて、次の行動に移らない。

相性のよい食べもの

- 甘いもの（とくにはちみつ）

※根菜類は控えめに。
※はちみつは、1歳になってからとるようにしてください。

粘液質

水・緑のイメージ

おもな特徴

- まるまると太っている。
- 態度やことばづかいはテンポがゆったり。
- ゆったりと確実な歩き方をする。
- 休むこと、食べること、眠ることが大好き。
- 好ききらいをあまり表に出さない。
- おおむね慎重な判断をする。
- 思考力があり、冷静で、ばかげたことはめったにしない。
- ひとつのことを長く持続して考えることができる。
- 待つことが得意なのでチャンスに恵まれやすい。

イヤイヤ時にこの気質が強く出ているときの子どものようす（一例）

こちらの言うことには無関心で、「やめなさい」と言ってもだらだらしている。

相性のよい食べもの

- 雑穀
- 葉菜
- 塩味の効いたもの

※卵は避ける。

のしみを与えてあげると、いままで鬱々とマイナスへ向かっていた思考がふっとゆるむのではないでしょうか。

それから、根菜は控えめに。シュタイナーの考えでは、根菜は頭と関連する食物で、思考に働きかけてしまうので、ただでさえ頭を使いすぎる憂鬱質の子にはむしろ控えたほうがよいという考えなのだと思います。

粘液質には動きを活発にするものを

粘液質には雑穀、葉菜、塩味の効いたものを。粘液質は、テンポがゆっくりでマイペース、のんびり屋さんな印象です。直接頭に働きかけるとされている、ちょっと塩味の効いた食べものによって、テキパキ動けるようになるのかもしれません。また、シュタイナーは、葉菜は呼吸・リズム系に作用する食物だとしているので、葉菜をとることで動きやリズムが活発になるのでは、と思います。

　また、食べることが好きな粘液質にとって、卵はとくに避けたほうがよい食物です。シュタイナーの考えでは、卵はタンパク質を分解するのに必要な消化の力が不要なものだとされています。そのため、消化が不活発になり、何もせずにからだがますます怠惰になってしまいますし、消化機能を低下させる原因にもなるのです。

*

シュタイナーは、これら4つの気質の働きが森羅万象を生み出していて、人間もこの要素が入り交じって成り立っていると言っています。どんなひとだって怒るときはあるし、ときにはメソメソしたくなることだってあります。ですから、その気質の特徴がとくに強く表れているときに、その気質と相性のよい食べものの力をちょっと借りるようにしてみてはいかがでしょうか。

　たとえば、同じイヤイヤでも、激しくキーキーしていたら、胆汁質が強く出ているから雑穀や生野菜にしようかな？　何だかメソメソしているな、というときには憂鬱質が強く出ているのかもしれないので、はちみつをなめさせてみる……そんなふうにして子どものようすを見て、落ち着かせていくといいかもしれませんね。

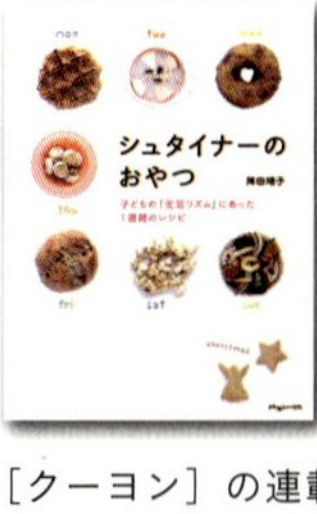

［クーヨン］の連載から生まれた、陣田さんの著書『シュタイナーのおやつ』（クレヨンハウス）。子どもの気質と食との関わりについての記述もあるので、ぜひ参考に！

叱るは減らせる！「できない」のはあたりまえ、「でチた！」が増える環境を整えて

大人が子どもを叱るのって、どんな場面だろう。冷静に考えてみると、大人の期待通りに、子どもが動いてくれないときだったりしませんか？何でも「はじめて」の子どもを前に、「ダメ！」と言わず、叱ってばかりでもなく。そんな毎日を送るコツが、モンテッソーリ教育にはあります。さっそくはじめてみませんか？

お話＊深津高子さん（国際モンテッソーリ協会公認教師）
イラストレーション＊升ノ内朝子

まずおだやかな親子関係を育てましょう

親子ともに、相手に「イライラ」せずにすむおだやかな関係があれば、叱る機会はグンと減ります。そのためには、あかちゃんのときに「安心感」を育てることが重要。

安心感は、泣けば、まわりのひとが自分の訴えを「わかってくれ」「気持ちよく過ごせる環境を整えてくれる」と感じることから生まれます。だからあかちゃんが泣いたら、よく訴えの内容を聞き分けてあげましょう。そうすることで、やがてあかちゃんは、おかあさんへの、ひいては世界への安心感、信頼感を抱き、大きな声で泣かなくても大人がわかってくれることを、ちゃんと理解します。ここが、おだやかな親子関係のスタート地点。安心感が育っていないと、ハイハイや歩行時におかあさんから離れられない、「チャレンジしたい！」という気持ちを素直に出せない、ということも。そのときになって「何で自分でできないの!?」と叱っても、遅いのです。

ふかつ・たかこ　国際モンテッソーリ協会公認教師、同協会元理事、「ピースポート洋上子どもの家」アドバイザー。「平和は子どもからはじまる」というモンテッソーリ教育の精神を、園へのコンサルテーションや、教師養成コース通訳を通して広めている。
http://ecollage.info/

あかちゃん期に「安心感」を育てるのがその後をラクにするポイント！

モンテッソーリ教育の要！

生後8週間

親子の蜜月時間を大切に

叱らずにすむポイント 1

「愛される体験」をシャワーのようにあかちゃんに

生まれてからの8週間は、「共生期間」といわれます。あかちゃんはおっぱいをもらい、おかあさんはおっぱいを飲んでもらうことで子宮が回復する、といった相互作用が働いているこの期間は、母は子に、子は母に、お互いのもてるすべてのものを差し出して関わる期間。この期間を通して、あかちゃんはひとととして生きるうえで大切な「愛の原型」「愛の許容量」を授乳を通して学ぶのです。この期間を、「愛の蜜月」とも呼ぶほどです。この時期にたっぷり愛され、泣けば、おなかがすいたのか、シーツのしわがイヤなのか、さみしいのか、痛いのか……と、泣いている理由を察してもらえる、すぐ飛んできてくれる、という経験をくり返したあかちゃんは、「ここはよいところだ」と信頼する土台が育ちます。「表現すれば応えてもらえる」とわかると、欲求が理解されるまで激しく長時間泣き続ける必要がなくなります。だから、授乳中はあかちゃんの目を見つめるなどして、全身で関わるようにします。テレビを見ながら、携帯電話で話しながらなどの「ながら授乳」はしません。

パパの役割

蜜月期間は、母子の濃い関わりをなるべく中断しないでよいように、おとうさんのサポートが必要。ふたりの蜜月を守ってあげるように、電話の応対や上の子の送り迎えなどをおとうさんなどがサポートすることで、8週間の共生期間がより安定したものに。そういう点で、おかあさん以外の2番目の大人の存在が重要になってきます。

おかあさん以外のだれかが、母子を守ってあげます。

ベビーベッドより布団で

あかちゃんは、柵付きのベビーベッドより布団に寝かせてあげましょう。柵越しに世界を見ると、世界が歪んで見えてしまうからです。布団なら身のまわりのものがよく目に入り、動けるようになったら「あれを触ってみたい」「あそこに行ってみたい」というような目標をもち、自分で動き出すことができます。

あかちゃんが関心をもちそうなものを、まわりに。

叱らずにすむポイント 2

4つのコーナーづくりで安心感を育てます

胎内から外界へと劇的な変化を体験したあかちゃんには、4つのコーナー（下記参照）が家の中にあるように整えておくと、安心感を育てるのに役立ちます。あかちゃんは「いつも同じ場所で同じことが行われる」と理解すると、「ここに来たら、わたしのからだにはこういうことが起こる」と先を見通せるようになります。それぞれの行為を行う場所をコロコロ変えないようにすることが大切。そうすることで、あかちゃんが新しい環境に慣れるのも早くなります。

① おむつや衣服を着替えるコーナー

おむつ替えや衣服の着替えに必要なすべてのものを、大人が片手でとれるくらいの距離に置いておきます。ここに毎日、何回も連れてこられると、あかちゃんは徐々に「ここに来るとおむつを替えてもらえる」ことを学習していきます。毎回「おむつ替えようね」と話しかけてあげることも安心感を与えます。

② 寝るコーナー

トッポンチーノ（モンテッソーリが提唱した厚手のおくるみ）や低いベッド、もしくは布団が用意されているコーナー。あかちゃんはいつもここに連れてこられて眠りにつくことで、「ここは寝るところ」と、徐々に理解します。

③ 運動するコーナー

目覚めているとき、あかちゃんをここに連れてきます。鏡をのぞいたり、モビールを見たりしてあそびます。ハイハイがはじまると、下に敷いてあるマットが動きのじゃまになるので取り除きます。家族がいる居間にマットを持っていってあそんでもいいですね。

④ 授乳のコーナー

座り心地のよい授乳用のいす、届く範囲に必要なものがあっておかあさんがばたばたしなくてもよい、といった環境が、親子のきずなをつくるのに最適。携帯電話やテレビは置かないようにして、落ち着いた空間に。

ハイハイがはじまる頃

「触ってみたい！　行ってみたい！」を妨げないように

叱らずにすむポイント1
どんどん子どもがチャレンジできる環境を！

「ダメ！」がはじまるのは、ハイハイがはじまる頃。「*運動の敏感期」のはじまりです。あかちゃんは、乳児のときから見ていたものを触ってみたいし、経験してみたいもの。そこではじから「ダメ！　ダメ！」と言われてしまえば、チャレンジの機会を失い、自分への自信も失うことに。「禁止」ばかりだと、自立のチャンスを奪ってしまうのです。

「あなたにはムリよ」というメッセージではなく、「行ってごらん、できるよ！」という肯定的な励ましを与えることが、自分に対する自信となります。

危険のない環境を整え、動く自由を与えられてはじめて、あかちゃんは「自分への信頼感・自信」をはぐくむことができます。共生期間にできた「おかあさん、つまり世界を信じること」と合わせて2本の足（支え）として生きていけるようになると、「自分でできる」ことをよろこびと感じられるようになり、素直でハッピーな子どもに育ちます。

＊運動の敏感期…6ヶ月から4歳半頃までの子どもには「動きたい」という強い欲求があります。これを「運動の敏感期」と呼びます。またこの頃は「触覚の敏感期」でもあるので、何でも触ってみたい時期。だから、身のまわりの葉っぱや花、小動物、くだものや野菜など触らせてあげて。また「言語の敏感期」でもあるので、そのものの「ちゃんとした名前」（きれいなお花ね、ではなく、きれいなチューリップね、というように）をおしえると、あかちゃんの話しことばの土台をつくってあげることができます。

あかちゃんの手の届くところを、よく点検してみましょう。

部屋を再設定する

あかちゃんが触ってたのしいもの、追いかけられるボール、鏡など、探究心を満たすことができ、かつ触られても困らないものを部屋に置くようにしましょう。この頃は「なぜ触ってはいけないのか」という説明を理解できないので、触ってよいものだけを置くように。

叱らずにすむポイント2
オリエンテーションを合いことばに！

あかちゃんにとって、この世のすべてのことは「はじめてのこと」。外国のひとに「日本では道路の右を歩くんですよ」とおしえてあげるときに怒って言わないのと同じく、あかちゃんにも「ここは走らないで、歩くんだよ」ということを怒って言う必要はありませんね。あかちゃんにだって、はじめてのことをおしえてもらう「権利」があるのです。社会のルールは、普通の声のトーンで、平常なこころで伝えればよいことです。そのように、あかちゃんに「オリエンテーション（知識を伝える）をしてあげる」、という意識が大人には必要です。

つかまり立ちの頃

子どもの「がんばり」を応援してあげて！

叱らずにすむポイント
誰にも命じられないのに立とうとする子

この頃の子どもは「いのちからの宿題」をやり遂げようとしていることが見て取れます。誰が指示したわけでもないし、ノルマを課されたわけでもないのに、生命の衝動につき動かされ、何度も立とうとしては尻餅をつく子ども。そうして自らの内にある課題を自力で達成しようとする姿からは、人間が本質的に、自己努力する生きものであることが見えてきます。やめなさいと言っても立とうとする。よりよい平衡感覚へと近づこうとする。ここで、大人の介入がありすぎたり、逆にまったく関心をもたれずに放置されたりすると、自己努力への衝動が消えていってしまうので大人には注意が必要なときです。

「自立」には大人が助けすぎないで見守ることも大切。

立って歩く頃

自分でできるよろこびとやっちゃダメなことをセットで伝えて

叱らずにすむポイント 1
自由と制限は一緒に伝える

歩きはじめると、子どもの世界が突然広がります。それまではただただ大人に依存しないと生きていけなかったのに、自分でできる自由を得るのですから。でもそのときこそ、自由は無制限ではなく、制限（責任）のなかに自由がある、ということを伝えるとき。大人はオリエンテーションの気持ちをもって、たとえば、おしゃべりの自由はあるけれど、「公共の場ではこのくらいの声で」「レストランでは座って食べようね」というようにおしえてあげます。それなしにいきなり「走っちゃだめ」と怒れば、この時期の子どもは悲しくなるばかり。

少しずつ公共のルールを紹介します

子どもが好きなことをしているときが、ルールを伝えるチャンス。まずは怒らず、たとえば大好きな電車に乗るときなどは、「電車は降りるひとが先」「外を見るなら靴を脱いで」と、おしえます。やりたいことを前にすると、子どもは素直に耳を傾けやすいので、ルールを伝えるのによい機会になるのです。

ルールを伝えるときは目を見て話します。

叱らずにすむポイント 2

「ただいま発達中」のひとへのまなざしを

子どもは言わば「ただいま発達中」の、発展途上の人間なのです。たとえば「工事中」という看板を見たら、注意を払い、完成を見守るように、「発達中のひと」にも注意深く接しないと、と思いませんか？ あかちゃんだって毎日すごい努力をしてるけれど、大人みたいに早くたくさん完璧に、というわけにはいかないのです。でも、自転車に乗りはじめた子が夕暮れになってもやめずにがんばるように、やりたいときは、何度でも目標に向かって自己努力するもの。そのとき大人は信頼して「待つ」ことが必要です。ただし、過剰な期待は子どもを追いつめてしまうので、「等身大の期待」にすること。いまこのとき、その子が集中していること＝その子がいま獲得したいことだと見極めて、子どもがくり返すこと、こだわることには意味があると思って見守りましょう。

子どもがお手伝いしやすいように、部屋の中を再び点検します。

手の仕事を

歩きはじめると「手」を使う作業をしたくなります。この頃には、できることから「お手伝い」してもらうと、子どもは家族の一員になれたという満足感を得ることができます。たとえば、こぼれないようなものを食卓に運んでもらう、おはしをいつもの通りに並べてもらうなど。食器棚の下のほうに子どもの食器を入れておくようにすれば、子どもは自分の食器を自分で並べることができるので、大人も助かるし子どもも満足！

子どもも家族の一員に

子どもを、サービスのよい旅館のお客にしないこと。何でもやってあげるより、「新聞とってきてくれる？」「お皿もってきてくれる？」と、本物の仕事を任せてみます。子どもは自分がやりたいと思っていることを任せてもらうことで、素直になるし、素直に言われたことに従う練習にも。大人はその子がいま何をやりたがっているのかを察知し、子どもの身の丈に合ったお手伝いをやってもらうことが重要。これが自分への自信へとつながっていき、自分もだれかの役に立つという誇りにもなっていきます。

「発達中」のひとにもできる「本物の」お手伝いで自信をつけます。

叱らずにすむポイント 1
子どもに選択肢を与えるようにする

まず、2歳頃のヤダヤダ期が来る前にお手伝いを頼むようにして、家族の一員である、という気持ちが育っていると、「ヤダヤダ」を軽減することができます。

そのうえで、ヤダヤダ期は、子どもに選択肢をもたせるようにするとうまくことが運びます。たとえば、「朝ごはんはパンとごはんどっちがいい？」と聞き、「パン」と答えたら朝ごはんはパンに決定。ただし、途中で「やっぱりごはんがいい」となっても、「きょうはパンを選んだんだから、明日ごはんにしようね」というように、自分の選択に責任をもたせるようにすることが重要です。最初は二択からはじめ、慣れてきたら、選択肢は増やしていってもOK。ただし、真冬に半袖のTシャツを選ぶ、などというちぐはぐなことにならないように、どちらを選んでも大丈夫なように準備はしておきます。

選択するということは、子どもに考えるチャンスを与え、自分は尊重されている、という気持ちを与えます。これが「ヤダヤダ」を軽減することにつながります。また、親子間のケンカが減る→叱らずにすむ、というよい循環も生まれます。

お手伝いの道具を選ぶ

お手伝いが上手にできれば、大人も子どももイライラしません。ポイントは「道具選び」。また、道具はいつも同じ場所にあることが重要なので、かならず同じ場所に戻すよう、これは家族みんなで協力し合います。

「秩序の敏感期」が続いているので、この時期の子どもは整理整頓が好き。

お手伝いを頼むときの声のかけかた

子どもはことばを理解するのに大人よりずっと時間がかかることを理解して。「手を洗って、片づけしたら、お皿を出して、おかず運んで」といっぺんに言ってもできないのです。だから、「まずは手を洗ってこよう」「次はお皿を出してきてね」というように、ことばがけはシンプルで明確に。正確に伝えることで、ものの名前や状況の表現を子どもが覚えるチャンスにも。

叱らずにすむポイント 2

子どもの失敗をとがめずにすむようにしておく

手を使うようになると、こぼす、壊す、落とすなどの失敗はつきもの。できるならば「子どもサイズの道具」で、子どもが失敗せずに「仕事」ができるようにしてあげると、お互いのイライラが減ります。牛乳を自分で注ぎたがるのならば、くびれのあるピッチャーに移して渡してあげれば、ドバッと出てきてこぼすことがなくなるなど、「子どもでもできる方法」を工夫しましょう。こうして「自分でできる」というよろこびを感じることは、子どもの素直さを育て、自立にもつながります。失敗のたびに小言を言われては、だんだん怒られるのが怖くて失敗を恐れるように……。だから「まちがってもいいよ、失敗はお友だち！」というくらいの余裕がほしいですね。そして、失敗したらどう片づければよいかをおしえれば、自分で片づけられるようになり、さらに大人のイライラも減りますよ！

ガラスなどの片づけは大人がやってあげます。

失敗のフォローのしかた

幼い子どもの失敗は、「わざと」でないことは明白です。大切なのは、発達とともにできるようになること。そのためには、①手本をゆっくりやって見せる、②失敗を「叱る」「怒る」のでなくどう処理したらよいか見せる、③自分で片づけられるように、子どもサイズの掃除道具やぞうきんをいつも同じ場所に置いておく、といった工夫を。

叱らずにすむポイント 3

子どもが嘘をついたときは…

3歳半くらいになれば、ごはんの前はお菓子を食べないなど、子どもは家の中のルールを理解しています。だけど、やむにやまれずやってしまうのも子ども。それを大好きなおかあさん、おとうさんに見つかった時点で、きまりも悪く、深い罪悪感を抱くもの。そのときに、「見てたわよ！」「どうして約束破ったの！」などと追い込んでしまうと、身の置きどころがなくなるので、「あれ、おかしいわねえ」くらいにとどめます。

ただし5〜6歳になって、それまで嘘をつかなかった子が急に嘘をつくようになったら、まちがいなく理由がありますから、大人はその背景について思いを巡らせます。きょうだいができた、慣れない環境に引っ越した、などの理由があるはずです。「いつものあなたと違うみたいだけど、何かあったの？」というように聞いてあげましょう。それなしでいきなり「嘘はダメ！」の一点張りでは、子どもはホンネを伝える機を逸してしまうことに。嘘の背景を一緒に見つけてあげることが大切です。

野口整体の手当て

「叱る」前にできるからだの見方と手当て

大人のイライラや、子どものキーキーには、隠れた理由があることが多いもの。
その原因を読み解くと、叱る機会はグンと減らせるといいます。
野口整体でおなじみの山上亮さんに、子どもの心身のサインに応え、
大人のからだもゆるめて癒す整体的手当てをおそわります。

お話＊山上亮さん（整体ボディワーカー）

撮影＊宮津かなえ　撮影協力＊板垣陽さん、板垣麻由子さん

やまかみ・りょう　野口整体とシュタイナー思想の観点から、ひとが元気に暮らせる「身体技法」と「生活様式」を研究。整体指導、子育て講座、精神障害者のボディワークなどを行う。
http://zatsunen-karada.seesaa.net/

「叱る」「ほめる」はリズムをつくる

子どもはリズムのなかで生きています。けれども何となく生活していると、だらだらと馴れ合いになってしまいます。そこで行動に注意を集めて意識させ、リズムに緩急をつけるのが「叱る」あるいは「ほめる」ということです。

「叱る」も「ほめる」もともに「その子の資質を認める」という点ではそこに何も違いはないのです。

どこに焦点を絞るかで育つ方向が変わる

野口整体の創始者・野口晴哉《はるちか》さんは、「叱る」「ほめる」について次のように言っています。

「まず、子どもの行動や言動の前にある、まだ形をもたない子どもの真意を見る」

叱られようと、ほめられようと、子どもはその部分を意識して成長します。ですから、表面的な行動ではなく、本質的なところを叱ったり、ほめたりすることが大切です。たとえば、「掃除が上手だね」と「きれい好きだね」の認め方の違いです。

整体的な叱り方のポイント

深呼吸でクールダウン

親がカーッとなっていると、こころが自分の感情でいっぱいで、子どもの気持ちにまで想像がおよびません。叱る前に深呼吸し、自分の気持ちを落ち着けて、子どもを冷静に見つめましょう。

叱る「場」をつくる

叱るときは、ふざけてはいけない「場」であることを子どもにしっかりと意識させることが大切です。子どもと目線を正面から合わせ、ふだんより低くてゆっくりした声で叱ります。

場を変えて切り上げる

叱言《こごと》を伝え終わったら、叱る「場」を終わらせて、いつものおかあさんに戻ります。抱っこしてあげたり、公園に行こうと誘ってもいいでしょう。

[月刊クーヨン]2008年9月号に掲載された記事をもとに作成しています。

「掃除が上手」は、子どもの行動の結果に焦点を絞ってほめているので、子どもは上手に掃除をしようとしはじめます。そして結果が大事なんだと思うでしょう。

一方の「きれい好きだね」は、子どものこころに焦点を絞ったことばです。こころを認められた子どもは、だれも見ていなくても掃除をするでしょうし、結果よりもそういう自分の感受性を大事にするでしょう。

子どもはとにかく親の集注に敏感で、親が自分のどこに集注するかを見ています。ですから、叱るかほめるかに限らず、ふだんの生活でも親の「気」が集まることを中心に振る舞いを身につけていきます。太陽の光が植物の育つ方向を導くように、親の注意の焦点が子どもの育つ方向を導くのです。

そして、整体では出ようとしているものは抑えないのが基本です。子どもが何かをしようとしているときに抑えつけてしまうと、そのエネルギーが内にたまってケガや病気に化けたりします。ですから、子どもが発するエネルギーにはブレーキをかけるのではなく、ハンドルを切って誘導することが大切です。

叱言は短く切り上げる

叱言は短く切り上げます。ふだんも同じことですが、いつもだらだら話すのは、子どもに親のことばを聞き流す練習をさせているようなものです。大事なことほど短く切り上げるようにすれば、その密度の濃さが、子どもの意識を聞くことに集注[*1]させるのです。

それでは子どもに叱言が伝わらないと思うかもしれませんが、一回一回を短く切り上げ、機会あるごとに何度でもくり返し言い聞かせることが大切です。

子どもにリズムを合わせて

叱る前に呼吸を子どもに合わせてみると、子どものリズムがわかります。

たとえば、そわそわしていたら、何かを隠しているのかもしれませんし、妙に落ち着いていたら、確信的にやったのかもしれません。表面的な行動だけでなく、その子の真意をくみ取ることが大切です。

また、子どもが興奮して息が荒い場合は、大人の側の呼吸やことばをゆっくりにして、子どもの呼吸を誘導すると、落ち着かせてあげることができます。

認めつつ、流すことばがけを

子どもとぶつかり合うときは、ことばの対立になっている場合が多いものです。

子どもが「痛いよ」と訴えてきたら、「痛くないよ」と否定するのではなく、まず「痛かったね」と子どもの気持ちを受け止めます。そして、その認めることばがけを「痛かった」と過去形にしてゆくことで、それをゆっくり流していきます。

大人はよく「ちゃんと説明しなさい」と要求してしまいがちですが、子どもはことばにできないから、暴れたり、泣いたりしているのです。理由は大人が察することが必要なのです。

子どもが泣いたら

子どもが泣いてしまっても、すぐに泣きやませようとはせず、泣くことを全《まっと》うさせましょう。泣きたいときに思いきり泣けるということも、とても大切なことです。

ただ、甘えや惰性でぐずぐず泣きやまないこともあります。そのときは子どもの呼吸がはっきり変わっていますから、そうなったら別の話題に振ったりして、サッとこころを転換しましょう。

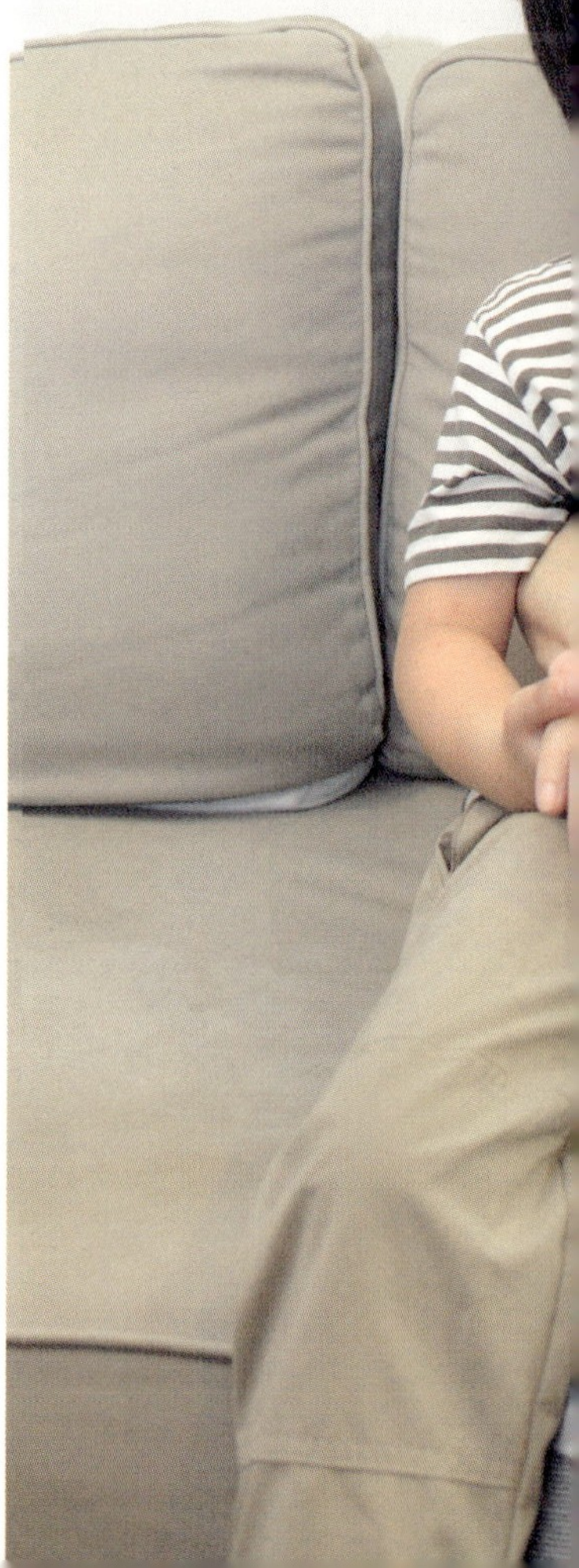

*1 集注…整体用語で、意識や注意を集中して注ぐこと。

子どものための手当て

「叱る」前に 子どものからだに 触れてみる

気持ちを上手に表現できない子どもは、不安や不満、こころの変化が症状や振る舞いに表れやすいもの。からだに触れて感じる手当てで解決を。

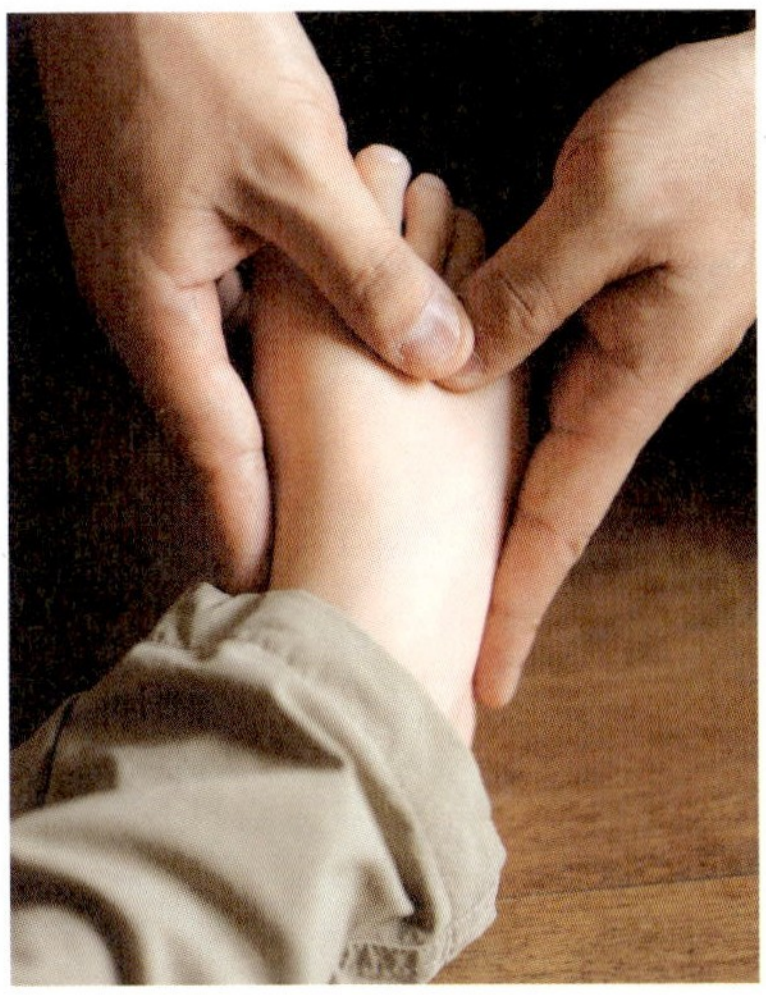

1

仰向けに寝かせて、冷えの急所である足の中指と薬指の筋が狭まるところ（足の甲のほう）を手の指で押さえます。そのあと足湯で温めると効果的です。両足を6分。筋の狭まっていたほうの足をさらに2分足します。

悪はしゃぎするとき

考えられる状態

おしっこの詰まり 冷え、不満の鬱滞《うったい》

子どもの脳はまだまだ成長の途上。さまざまな不安や不満、こころの変化がからだの症状や振る舞いに直結しやすいという特徴があります。ドタバタと悪はしゃぎしたり、強情になったりしているときには、泌尿器系の変動を考えます。子どもは冷えると腰椎がねじれ、おしっこが詰まりやすくなりますので、からだを温め、おしっこの排泄を促す手当てをします。

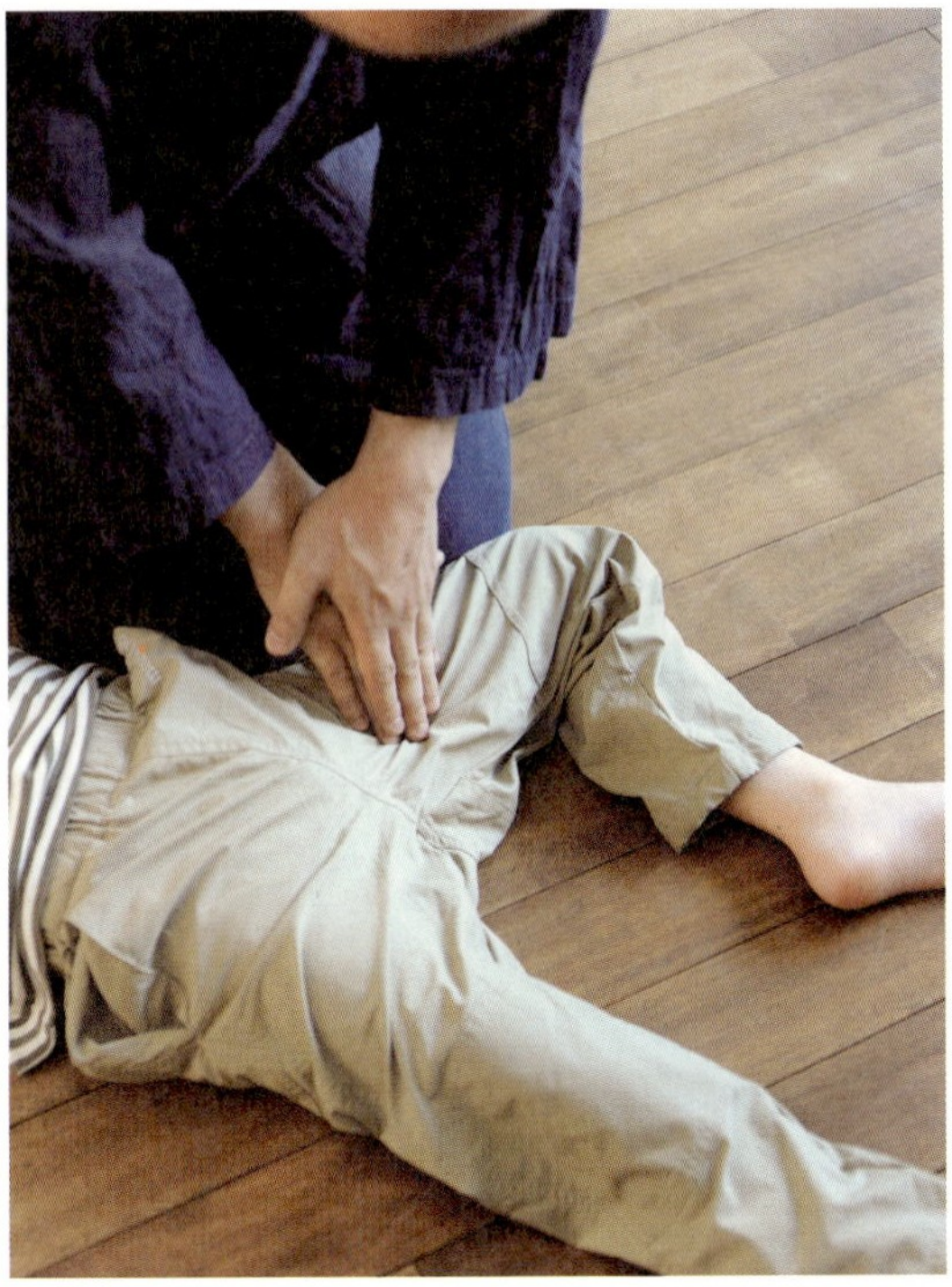

2

仰向けに寝かせた状態で左脚を「く」の字に曲げさせます。内股の筋を手のひらと指でやさしく、プリッと弾くようにします。鬱滞がある子は筋がわかりやすいはず。手当てのあとおしっこをさせると、それだけで落ち着くことも。

すぐ噛みつく、ひっかく

考えられる状態

エネルギー過剰 発散能力の未熟

集中傾向の強い子どもに多く見られます。あふれ出る過剰エネルギーを子ども自身がどうにも抑えきれないために起こっていることなので、「暴力では」と捉えて抑え込み、「本当の乱暴者」にしないようにしたいものです。それでも制止し、たしなめる必要があるなら、「噛んだら痛いよ」と行動と結果を想像できることばがけを。

エネルギーを発散する方法ですが、暴れたり大きな音を出してもよい時間と空間を準備し、太鼓を思う存分叩かせる、または新聞紙を思いきり破かせたり、ハサミで切らせたりするといいでしょう。ひとしきり終えたらきちんと「場」を区切ります。

キーキー、ハイテンションなとき

考えられる状態

目、神経系の緊張 浅い呼吸

テレビの見すぎなどで目が疲れてくると神経系が緊張して休まらず、「気」が上に上がった状態に。すると頭が休まらないので寝つきが悪くなったり、眠りも浅くなったり、キーキー騒ぐようになりがちです。こうした場合、ほかにもきょろきょろと目に落ち着きがない、つま先立ちで歩くなどの行動も見られます。

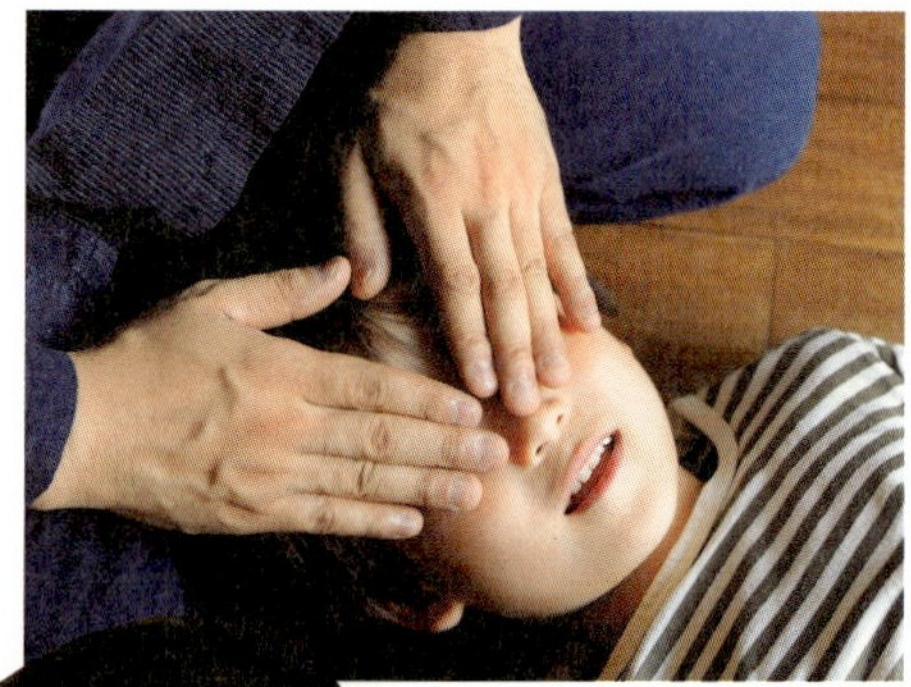

1 両目に、手のひらで呼吸をするようなイメージで手をそっと当てます。これを「愉気《ゆき》」といい、気になる場所に手を当て、その子に注意を集注します。子どもは自分に注意が集注していることを感じて安心します。

2 廊下やフローリングに子どもを仰向けに寝かせ、両足首を持ってゆっくりと、やさしくズルズルーッと引っ張ります。足湯で足を温め、アキレス腱をゆるめてもいいでしょう。

羽目をはずしたイタズラ、ひどく服を汚す、ケガが多い

考えられる状態

足首、股関節の変動 注意の集注欲求

転ぶ、頭をぶつけるなどのケガが多く、その都度大人のもとへ訴えに来たり、もうケガは治っているのにいつまでも痛みを訴えたりする場合には「こちらを見て」という注意の集注欲求である場合が。

また、わざと羽目をはずす振る舞いをする場合にも、関心を集めたいか、ふだんの抑圧がやや高い場合があるので、なるべく早く思いに応えてあげたいものです。

目を見つめながらおなかの「愉気」を行い、子どもの気持ちに応えます。大切なのは子どもにしっかり注意を集注することです。

親のための整体的手当て

大人には「動く」と「ゆるめる」のバランスを

ついイライラ、叱りたくなるというときは、がんばりすぎて、からだが疲れているのかも。子育てを支えるからだづくりと、緊張をゆるめる手当てで軽快な毎日を！

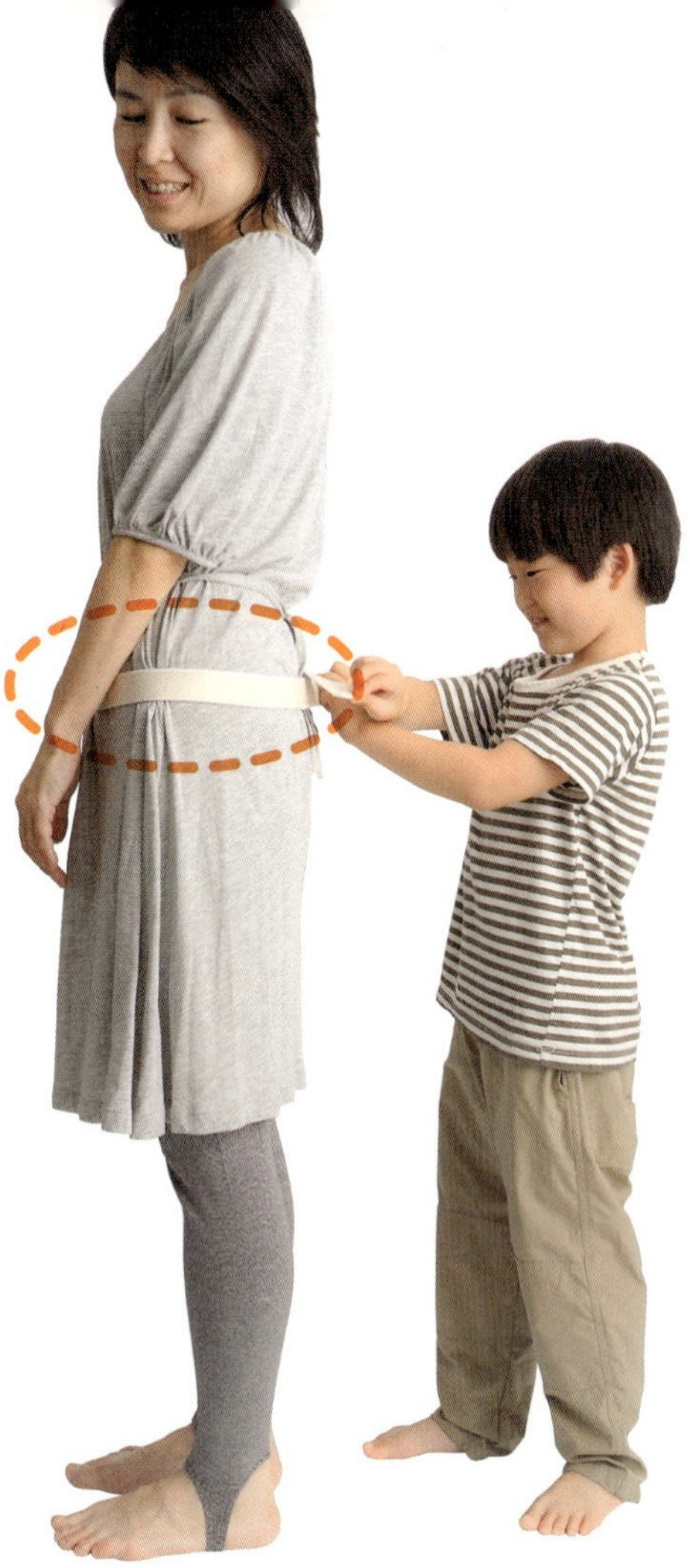

育児をラクにするには
「動けるからだ」を骨盤でつくる

整体で母子指導をするときは、まず親の骨盤の動きをスムーズにして、子どもの要求にいち早く反応し、すばやく動けるからだづくりを大切にします。ゆとりをもって元気に子育てをするなら動きやすく疲れにくいからだづくりを。おすすめは幅広の腰ヒモや腰帯で骨盤輪をきゅっと締めること。腰が定まり、軽快にキビキビ動ける「子育てのからだ」になれます。

イライラを感じたら
ポカーンとできる時間をつくる

子どもの要求に敏感に反応したくても、頭の中が忙しすぎると、感じ取る力が鈍ってしまいます。少しゆとりがないかな、と思うときほど「何もしない」時間をつくりましょう。

目の疲れや首のこわばりには温湿布が効きます。ソファなどに横たわり、リラックスできる環境をつくって、しばしの間、すべてを忘れてひたすらポカーンとしてみてください。

気持ちよく終えるために

子どもの要求に応える

子どものいたずらや変動は、注意の集注要求の表れであることが多く、その要求を満たしてあげることが大事です。たとえば子どもを抱っこするとき、子どもが「もういい」と言うまで、「もうちょっと」と言ってひとつ余分に集注します。そうすれば子どもは十二分に満足して離れてゆき、大人も気持ちよく締めくくれるのです。

力んでいると思ったら

腕の力を抜いてリラックス体操

子どもの挙動が気になる、つい口出ししてしまうという場合には、子どもを心配するあまり「抱え込んで」しまって腕の力が抜けなくなっているのかもしれません。そんなときは肩と腕の力を抜く体操「スワイショウ」*2がおすすめ。足を肩幅に開いて立ち、上半身を左右にひねって、完全に脱力した両腕をひねります。肩肘張っていたこころまで心地よくゆるんでリラックスできます。

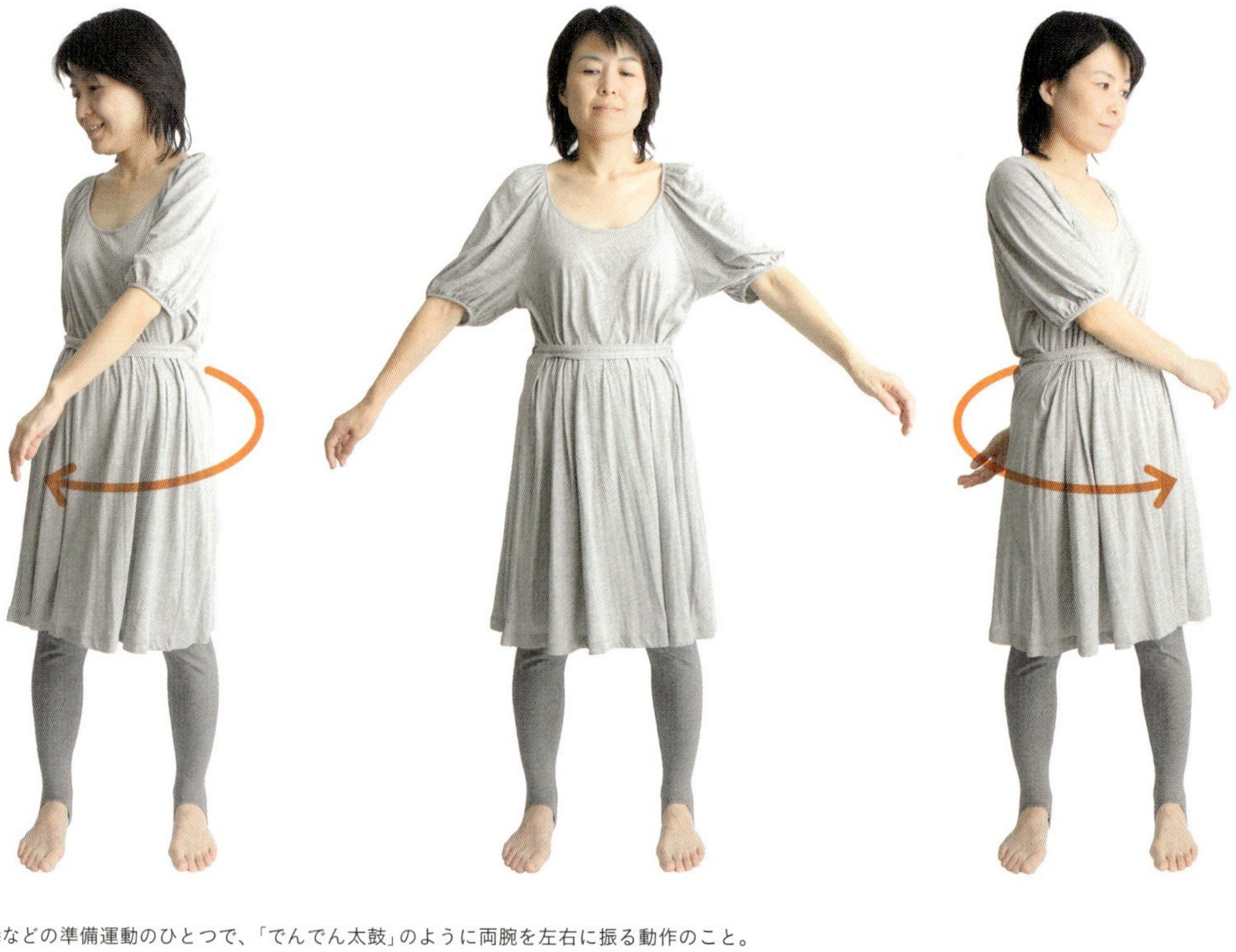

さらに詳しく知りたいひとは…

山上さんの整体の手当てについてもっと詳しく知りたい場合は、著書『整体的子育て』と、近刊『整体的子育て2 わが子にできる手当て編』(ともにクレヨンハウス)をご覧ください。

＊2　スワイショウ…気功や太極拳などの準備運動のひとつで、「でんでん太鼓」のように両腕を左右に振る動作のこと。

エスカレートしがちなひと、必見！

この態度、ホントに反省しているの？

ちゃんと子どもに伝わってるのかな……。
叱ったあと、ついつい不安になって、
「叱る」をエスカレートさせてしまった経験、
皆さんには、ありませんか？
でも、叱られたあとの子どもの反応には、
ちゃんと理由があると
子育てカウンセラー・萩原光さんは語ります。

お話＊萩原光さん（子育てカウンセラー）
取材・文＊セキノツカサ　撮影＊泉山美代子　イラストレーション＊井上コトリ

反応はさまざま！

子どものタイプ別対応のアドバイス

自然な感情表現ができるタイプ

声を上げて泣いたり、ダダをこねたりする。悔しい、悲しいなどの感情をストレートに表している。いちばん自然な反応。

どう接する？
しばらくの間そっとしておくか、抱っこをしながら、自然に泣きやむのを待つ。

自分の感情をごまかすタイプ

反省したようすを見せず、ニヤニヤしている。本当は怒ったり泣いたりしたいのに、自分の気持ちをごまかしてしまう。

どう接する？
からだに触れて、感情を表に出させる。あとから泣き出したり、外でほかの子に当たる場合もあるので気をつける。

「叱る」は、親子のコミュニケーション！

「子どもが素直に『はい、わかりました』でおしまいになるのが〈叱る〉の理想かもしれませんが、実際、そう簡単にいきませんよね。叱られた子どもは、泣いたり、ダダをこねたり……。でも、それでいいのです。

子どもは、親が叱って伝えたかったことを結構理解しているもの。でも、できなかったことが悔しかったり、親を困らせてしまい悲しかったり、そんな気持ちのモヤモヤを、何とか吐き出そうとしているんですね」

萩原さんも、ふたりの娘さんのおとうさん。叱られたあとのふたりの反応はというと、上の子は部屋の隅っこでイジイジ、下の子はわーっと泣いて、その後はあっけらかん。同じきょうだいでも、その反応は違うとか。

「叱られたあとに泣いたりするのは、

はぎはら・こう　子育てカウンセラー。千葉県八千代市の「シャローム共育相談室」で、子育て相談や親子カウンセリングを行うほか、子育て支援のための執筆や講演活動などにも携わる。自身の子育ての経験と「抱っこ法」にもとづいた支援が人気を集めている。
http://homepage1.nifty.com/pikkari/

怒りを自分に向けるタイプ

自分の頭を叩く、手を噛むなどの自傷行為をする。叱られた自分を責めて、くやしさや怒りを自分に向けてしまう。

どう接する？
子どもの手を押さえるなどして止め、怒りを親に向けさせ、抱っこをしながら怒りがおさまるのを待つ。

感情から逃避してしまうタイプ

反省したようすを見せず、その場から立ち去ってしまう。感情をうまく表に出せないか、自力で解決しようとしている。

どう接する？
手をつかむなどして連れ戻し、抱っこをしながら、怒りや悲しみなどの感情を表に出させる。

感情を抑え込んでしまうタイプ

部屋の隅っこなどで、黙ってじっとしている。怒りや悲しみなどの感情をグッとこらえてしまい、表に出せない。

どう接する？
近づいていって、からだに触れてみる。そうすると、怒ったり、泣いたりするので、抱っこをしながらおさまるのを待つ。

感情を外にぶつけるタイプ

ひとを叩く、ものを叩くなどして、何かに当たる。怒りをどうしていいかわからずに、何かにぶつけてしまう。

どう接する？
まず、怒りを親に向けさせて、子どもの手を押さえるなどして止め、抱っこをしながら怒りがおさまるのを待つ。

子どもにとって必要なことなので、許容してあげてください。反応はさまざまでも、対応の仕方は同じ。感情を吐き出させて、受け止めてあげること。そこまでできると、じょうずな〈叱る〉になるんです」

日頃から「こうしてほしい」と伝えること

「叱るときは、抱っこする、手をにぎるなど、からだに触れながら叱るようにしてみて。不思議と子どものこころが開き、ことばだけでの説明よりずっと伝わりやすくなります。あとは、しっかり目を見て、はっきりとしたことばで伝えることも大事です」

でも、できれば、叱らずにすませたいのが、親の正直な気持ちです。

「日頃から親の要求をきちんと伝えること。叱らないようにがまんして、子どもの要求ばかりに応えていたら、〈叱る〉がイライラのはけ口に。イライラの根っこさえなければ、まあいいか、と思えることは結構あるものですよ。

そうして余裕ができたなら、あとは、親子でのやりとりをたのしみながら、それぞれの生活に合った〈叱る〉コツを見つけてみてください。それこそが、子育てのおもしろさだと思います」。

［月刊クーヨン］2011年4月号に掲載された記事に加筆・修正しています。

「叱る」「ほめる」はむずかしい!?

「親の悩み」相談室

いつもやさしくしたいけれど、ついがみがみ子どもを叱ってしまい……後悔。
また、わが子のできないところばかりが目について、うまくほめられなくて……。
[クーヨン]読者の皆さんの声をもとに、親のこころの悩みについて、
心理カウンセラーの内田良子さんにお答えいただきました。

お話＊**内田良子**さん（心理カウンセラー、プロフィールはP36参照）
イラストレーション＊高畠那生

親の悩み その1

イライラすると、感情的に子どもを叱ってしまいます

「叱る」のは、何のためでしょう?

「叱る」とは、子どもにやって「いいこと」と「悪いこと」を伝える方法のひとつです。よく「子どもは叱って育てなくては」などと言うひともいますが、ことばで伝われば、かならずしも、叱責する必要はありません。

子どもに伝えなければならない、やって「いいこと」「悪いこと」とは、危険なことや、社会生活や家庭生活を送るためのルールやマナーです。その子が生きていきやすいように、きちんと伝えるのです。

感情的になっては、子どもに伝わりません

感情的に子どもを叱ることは、〈しつけ〉ではありません。〈しつけ〉という理由をつけた、親自身のいらだちのはけ口なのです。親の感情の嵐のなかでは、子どもは恐怖を感じて緊張し、防御的になっているので、ことばの中身は正しく伝わらないものです。

体調のいいときに、伝えればいい

感情的に叱らないためには、どうしたらいいでしょう? まず、子どもと接しているなかで、どんなときに自分が感情的になってしまうか振り返ってみてください。時間に余裕がないとき、夫の帰りが遅くて疲れているとき、月経などで体調が悪いとき、きょうだいともに、言うことを聞かないとき……。自分を客観的に観察し、感情的になるパターンがつかめるなら、「機嫌が悪いのは自分のコンディションのせい」なのだと子どもに伝えてあげるだけでお互いに気持ちがラクになるはず。

心身のゆとりが戻るまでゆっくり待ちましょう

そして、自分が感情的になっていると感じたときには、〈しつけ〉は無理と、叱るのをあきらめます。余裕がないときは、最低限の生活だけをすればいいのです。親の体調がよく、落ち着いて余裕があるときには感情的な態度やもの言いが少なくなり、子どもも落ち着いています。すると、伝えたいことが伝わります。

親の悩み その2 叱って、子どもが言い返してくると、思わずカッとしてしまいます

子どもが何か言ってくるのは自然なことです

叱ったことに対して、子どもが疑問を口にし、反論するのは自然なこと。それが自己主張です。「どうしてなの？」と子どもが聞いてきたとき、大人が落ち着いていれば、説明もでき、相互のやりとりを経て、子どもも理解でき、納得できるのです。子どもに言い返されてカッとするのは、親の側が思い通りに子どもを支配しようとしている状態なのです。

子どものことばをそのまま受け取らないで

子どもを叱って「ママ（パパ）きらい！」と言われて傷つく方がいます。でも、子どもの本心は「ママ大好き。そんなに怒らないで」なのです。その省略が「ママきらい！」。そう言われたら、「ママが好きだから、強く怒らないでほしいのね。でも、○○○はやめようね」と言えばいいのです。

また、親が激しく叱りすぎている場合も多く、それに対して子どもが「もう、やめてちょうだい」と発信しているのです。

親の悩み その3 感情的になると、つい手を上げてしまうことがあり、後悔しています

厳しくするのがいいわけではありません

「〈しつけ〉をする」とは、やっていいか悪いかを、子どもにわかりやすく伝えることです。子どもに手を上げてしまうひとは、「叱る」ことを、子どもに「罰を与える」ことだと誤解しているのではないでしょうか。

子どもに手を上げるという時点で大人は人間性を見失い、怒りの感情に負けているのです。「厳しく叱る＝叩く」と誤った認識をしているひとたちも少なくないようですが、叩くことは〈虐待〉です。また、たとえことばだけでも、親を頼ってしか生きていけない無力な子どもに対して、「そんな子はいりません」などと言うことは、*ネグレクトに当たると知っておいてください。

よく、手加減しているとか、自分が受けた体罰よりは軽いなどと言う方がいます。でも、子どもは、大人の身長の半分以下、体重などは何分の一といったちいさな存在。手を上げておびやかすのはけっしてよいことではありません。

＊ネグレクト…幼児、児童の養育に必要なケアを与えない、または不適切なケアを行うこと。親が子どもの身体的なケアを拒否したり放棄する身体的ネグレクト、教育を受けさせない教育的ネグレクト、親子間に情緒的交流がまったくない情緒的ネグレクトの3つがある。慢性的にネグレクトされた子どもは、さまざまな心理的なゆがみを露呈するといわれる。

親の悩み その**4**

子どもの「できないこと」が目について、なかなかほめてあげることができません

「ほめる」ことより認めることが大事です

ほめるといっても、「ちゃんとできているね」と認めるだけでいいのです。「服がひとりで脱げたね」「こぼさずに食べてるね」など。特別に賞賛をする必要はなく、子どもが何かをできた事実を認めて自然に出てくることばでいいのです。ことばや感情を惜しまず口に出すことはとても大切です。

　できないときに「どうして、できないの！」と叱るより、できたときを見つめてほめるほうが、子どもにとって、ずっと効果的です。

親の悩み その**5**

食事はたのしく、とこころがけていますが、食べものであそびはじめると、頭にきます

子どもを理解し場を切り替えて

　子どもは、おなかが満たされれば、それ以上食べない、座っていることが苦痛で、食卓の食べものが、おままごとの材料になってしまうのです。一生懸命つくったからこそ、食べてほしい気持ちはわかりますが、そこで、場をうまく切り替えることも大切。「おなかいっぱいなのね。じゃあ、ごちそうさま」と片づける。もし子どもが「まだ食べる」と言ったら、「あそばないで食べようね」としっかり誘導することです。

親の悩み その**6**

きょうだいで、上の子ばかりを叱ってしまいます

「上の子」ゆえのがまんをわかってあげて

　上の子にはしっかりしてほしいと厳しくしがちですが、上の子は日常、下の子に譲ったり、一緒にあそんであげたりしています。何かトラブルが起きたとき、そこを見ずに、親が叱ってしまうのです。また、下の子は強く、上の子が泣かされるという話も聞きますが、上の子が弱いのではなく、「下の子に手を出してはダメなんだ」とがまんしているから、涙が出る。そこをちゃんと認めてことばにしてほめることが大切です。

親の悩み その**7**

子どもの頃、小食でいやな思いをしたのに、わが子に同じことをしてしまいます

子どもだった自分を振り返ってみて

この場合、子どもが食べないことに不満やいらだちを感じているわけです。「食べること」にこだわる方は、食事づくりにエネルギーを使っている場合が多く、栄養にひと一倍気を使っています。

子どもの食べる量には、個人差があります。食べるのがたのしくて、すごく食べる子もいますが、ほんのちょっとで満足してしまう子もいる。子どもの体質を見極めることが大切です。

また、自分がちいさいときに、食べられなくてつらかったのなら、そのことを振り返って、自分自身の傷を癒すことが必要です。自分がどんなことをされたのか、何がいやだったのか……本当の意味で振り返れたら、子どもに同じことをするのはやめよう、とこころから思えるはずです。

少なくとも、自分は食べさせることにこだわりがあって、がんばってしまいがち、と自覚をもつだけでも、子どもに接する態度が違ってきます。

わかっていても、やってしまうというときには、自分自身の問題を子どもの食事量などに転換しているのかもしれませんね。

親の悩み その**8**

子どもを叱るところが夫と違います。「もっと叱るように」と言われますが……

無理に意見を合わせる必要はないと思います

夫婦の場合、それまで育ってきた環境が違うのですから、無理な一致は図らないほうが自然です。

相手によって叱られるところが違っても、子どもは大切なことは理解します。もし、家族に「もっと強く叱らなくちゃ」などと言われても、「わたしなりにちゃんとやって、子どもも分かっています」と言えばいいのです。それができないときは、「あなたの考え方はわかりました」と相手の言い分を最後まで聞きます。言うだけで「役目を果たした」とスッキリする大人は多いものです。

おかあさん、ひとりでがんばらないで大丈夫！

「自分戻し」の時間をもって！

子どもに対して感情的になってしまうのは、親に自分の時間がなく、気分の調整ができていないからです。親子だけの閉塞的な状況を脱して、リフレッシュすることが大切。短時間でもいいから子どもと離れて、「自分戻し」の時間をもつことです。

可能なら保育付きの講座や一時保育のサービスを利用してみましょう。一時保育サービスは1時間1000円程度で利用できるようになってきました。最近では、無料で子どもを預かってくれるところも。講座は子育ての内容に限らず、自分の健康のためや趣味のものでもいいのです。自分に時間的な余裕と精神的な栄養を与えられればゆとりも出て、子どもにも寛容になれます。

また、「子どもがかわいいと思えない」と相談に来る方もいますが、「よくやっていますね、こころに余裕がないと子どもをかわいいと思えませんね」と言うと、ほっとされます。子育ての悩みを解決するには、おかあさんのこころのケアも大切です。

気づいたひとが子どもを注意して

いまだに「なぜ母親が叱らないんだ！」などと、叱る役割を母親の責任と決めつけているひとがいます。でも、子どもの行動を迷惑と感じるのであれば、気づいたひとが注意をすればいいのです。

「〈しつけ〉はすべて親がやるべきもの」ではありません。子どもによい市民として育ってもらいたいのですから、気づいたひとがする。それも、いきなり叱るのは対人関係のマナー違反、やさしく注意をすればいいのです。たとえば電車で、子どもが靴のまま窓を向いて座っていたら、「おばちゃんの洋服が汚れちゃうから、靴脱いでね」と言えばいい。気持ちよく注意すれば親が不愉快になることも萎縮することもなくなるはずです。

ときにはNOを貫くために

子どもの「納得」を引き出す伝え方

子どもにとって必要なこと、大切なことはきちんと「ダメ！」と伝えたい。でも、うまくいかなくて、ついついイライラ、ガミガミ。そのうちに自分にも子育てにも自信がもてなくなってくる……。そんな悪循環にはまらないコツをうかがいます。

お話＊阿部秀雄さん（癒しの子育てネットワーク代表）
イラストレーション＊升ノ内朝子

基本編

幼児期に必要なのはルールやマナーを受け入れる態度を身につけること

「ルールやマナーを受け入れる態度といっても、納得できないことでも従順に言うことを聞く、ということではありません。自ら言いたいことは言うとともに、ひとの言うことにも耳を傾け、納得すればそれを受け入れる。そうした将来にわたって大切な社会性を身につける、ということが大事なのです。大人が何かを教えようとしても、子どもは最初から素直に聞き入れられるわけではありません。大人が、『こうしようね』と誘っても、『したくないなあ』という気持ちに直面することもしばしばです。つまり、大人の意思と、子どもの意思とが葛藤するのです。

でも、子どもの内面にあるのは『したくないなあ』という気持ちばかりではありません。無理でないことは聞き分けて大人にもよろこんでほしいし、おねえさん・おにいさんとしての自尊心を満足させたいとも思っているのです。

こころから納得して聞き分けるに

子どものこころの動き

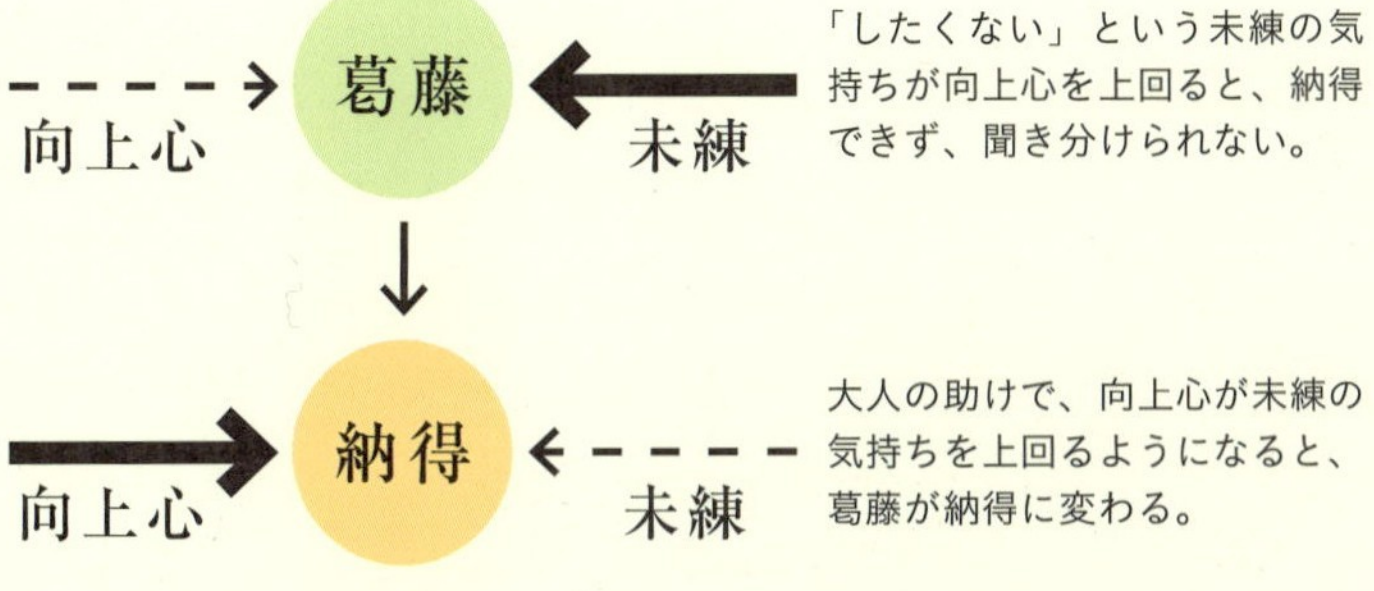
葛藤
向上心
未練
「したくない」という未練の気持ちが向上心を上回ると、納得できず、聞き分けられない。
納得
向上心
未練
大人の助けで、向上心が未練の気持ちを上回るようになると、葛藤が納得に変わる。

あべ・ひでお　日本抱っこ法協会名誉会長、癒しの子育てネットワーク代表。著書に『成功する！しつけの技術』（カンゼン）など多数。癒しの子育てネットワーク　電話03-5624-3229　http://homepage2.nifty.com/happyhug/

は、未練の気持ちを乗り越えさせてあげなくてはなりません。でも、子どもは独力で解決できないので、大人に助けを求めるのです。

子どもと大人がこころ合わせて、葛藤を乗り越え、葛藤を納得へと導くこと。それが、『ダメ！』を伝えるための近道です」（阿部さん）

子どもに「ダメ！」が伝わらない 7つのNGポイント

右の7項目は、ついやってしまいがちなこと。これらではうまく伝わらない理由を、「子どもは、大人と本音でぶつかりたい、と思っているから」と阿部さんは言います。
お巡りさんが来るよ、とひとの力を借りたり、子どもの言いなりになることは、子どもにとっては肩透かし状態。「イヤイヤ」も、実は本心ではないこともあるので、「止めて！」と思っていることに気づいてあげたい、と阿部さん。その一方で、「勝手にしなさい」と突き放すのも、見放された、という思いを強くしてしまいます。
「その場しのぎを続けると、親子の関係が段々とうまくいかなくなる」というのが阿部さんの実感。もちろん、力ずく、叩く、感情的に叱るなど、子どもに恐怖を与える方法も、子どものなかに、不満を残すことになるのでNGです。

大人が陥りやすい 2つのよくあるパターン

さらに最近、子育て中の大人にはふたつの傾向があるのが気になる、と阿部さん。ひとつは「子どもの言うこと、求めることにすべて応じることが大事、と思い込んでしまって、かえって困っている」傾向。

子どもに備わる向上心は、大人がある程度枠組みを示してやらないと、うまく発揮できないもの。何でもOKでは、子どもは何が正しい振る舞いなのかがわからなくなってしまいます。

もうひとつは、「大切なことを伝えようと子どもに関わったのに、子どもに拒否されたとたんにたじろいでしまう」傾向。

たしかに、子どもに泣いて拒否されたり、大人も傷つくようなことばで抵抗されればドキッとします。でも、そこで大人が引いてしまうと、右ページ下図のような、子どものなかで起こっている葛藤を、大人が子どもとともに乗り越えることができなくなります。「その場はラクでも、長い目で見ると、うまくいかない」と阿部さん。

実践編

子ども自身の「納得」を引き出すために大人がしてあげられること

大人の陥りがちなパターンがわかったら、次は具体的な「ダメ！」の伝え方です。向上心と未練との葛藤で、ついだだこねをしてしまう子どもに、納得して「ダメ！」を受け入れてもらう5つのポイントを整理します。

1 大人が「ボス」に

「『ボス』とは要するに、おおらかに、しなやかに、そしてにこやかに、大人の意思を子どもに伝えられる存在になってあげるということ。権威に従順な人間にするためでも、大人の勝手を押しつけるためでもなく、子どもが自分自身のボスになるのを助けるためです」と、阿部さん。

子どもの言いなりになるのでも、子どもを言いなりにするのでもなく、お互い五分五分の関係で。しかも、子どもが葛藤を乗り越えられるように後押しする。それが阿部さんの言う「ボス」の姿です。

2 思いに「共感」する

「泣いたりかんしゃくを起こしたりすることは、悪いことではありません。感情ストレスに圧倒されて傾いてしまった自我を立て直すために、泣いて立ち直る治癒力を働かせようとしているだけのこと」と、阿部さん。そう考えると、大人の側も気持ちに余裕がもてます。

自我が芽ばえ、自己主張をはじめた子どもが「イヤ！」と抵抗したら、まずは「イヤなんだね」と共感してみる。「何がイヤなのかはっきりわからなくても、共感してくれたことが、子どもにはうれしいのです」と阿部さんは言います。

3 手を添えて導く

「早くしなさい！」「片づけなさい！」など、大人はつい遠くから声だけかけて、やらせようとしてしまいがち。そんなとき、手を添えてあげると、「未練」との葛藤にある「向上心」が励まされる、と阿部さんは言います。それでも「未練」が大きくて、手を振り払おうとすることも。でもそれは「いやがっている」というより、葛藤を乗り越える手助けをしてほしいサイン。引き合い・押し合いをしながら、子どものこころの変化を誘うチャンスなのです。

4 子どもにも言い分

「子どもに『ダメ！』を伝えるのは、子どもの行動に対して、意味のある制限を設けること。そのとき、子どもの言い分にも耳を貸し、なるほどと思える点は受け入れる。

また、代案を出すなどして互いの納得できる妥協点を探る。そんな対等なやりとりができると、子どもは自分を尊重してもらえたよろこびを体験することができる」と阿部さんは言います。

いつもそんなふうに接してもらえていると、外ではあまりだだをこねなくなる、というのです。

5 泣いたら「よしよし」

手を振りきろうとするところからさらに進むと、かんしゃくを起こしたり、泣き出したり。「ここで譲歩したり、腹を立てたりせず、思い通りにならない気持ちを『よしよし』と慰めて感情ストレスの発散を助け、『でもこうしようね』と励ますことが大切」と阿部さん。悔しい気持ちを聞いてもらい、ストレスを発散できればスッキリ！　それで納得へと進むことができるのです。

こうしたことのくり返しを通して子どもは自制心を身につけるのだと阿部さんは言います。

応用編

具体的な場面ではこんなふうに

子どもが大人の「ダメ！」に葛藤しているとき、いちばんの助けになるのが「スキンシップ」ことばだけでなく、からだを使った「ダメ！」の伝え方を、よくある場面ごとにご紹介します。

危ない道路で手をつなぐとき ←

振りほどこうとしてもしっかり握って

車の多い道では、しっかり手をつなぐ。手を振りほどこうとしたら、つないでいる手で共感を伝え、しっかり手を握り続けます。

行動を促すとき ←

いやがるときは背中を押してあげて

お風呂をいやがる、帰りたがらない、というとき、背中を押してあげることで、あっさりその気になることがよくあります。まずは試す価値あり。

おもちゃを片付けるとき ←

声かけだけでなく手を添えて導いて

「片づけなさい！」と声だけかけても、ラチがあきません。そんなときは、おもちゃを持つ手首を引いて、おもちゃ箱へ。「はーい」という気持ちが励まされます。

かんしゃくがひどいとき ←

まずは抱きとめて落ち着かせてから

かんしゃくは、自分で自分がどうにもならなくなったとき。まずは抱きとめて、よしよしと受け止める。そして、共感し、励ましをしてあげると、落ち着きます。

店でおねだりがひどいとき ←

まず脇《わき》に手を入れ抱き起こして

お店でだだこねがはじまり、床に転がるようなら、まずは脇に手を入れて起こします。それでダメなら、抱き上げてさっと人目のないところへ連れて行きます。

きちんと言い聞かせたいとき ←

頬を手で押さえてお互いに向き合って

これはちゃんと聞いてほしい。そういうときは、やはり大人の側の気持ちをしっかり示したいところ。子どもの両頬を手で押さえ、お互いに向き合って伝えます。

探求編

それでも聞き分けがないときには、子どものサインが隠されていることも

どんなに工夫しても歯車が嚙み合わず、
クタクタになるほどの屈折しただだこねには、
専門家の手を借りたほうがよい場合も。
阿部さんが実際に接したケースをいくつかご紹介します。

気持ちを素直に表現できず「だだこね」でしか表出できない子ども

ここまでご紹介してきた「葛藤」を「納得」に変える「ダメ！」の伝え方。普通は、こういった方法でうまく葛藤を乗り越えれば、大人も子どももスッキリ納得できると阿部さんは言います。

しかし、手を添えても、子どもに共感しても、どうもうまくいかない、だだこねが度を越している、納得してもらえない。そうなったら、目の前の聞き分けのなさのさらに背後に、何か訴えたいことがあるというサインかもしれません。

現代は、「泣かせない子育て」が主流だと阿部さん。「泣かせない子育て」は、子どもの感情ストレスを押し込め、訴え下手にしてしまう恐れがあると言います。

「屈折しただだこねは、気持ちを素直に訴えられなくなっているため、だだこねに名を借りて遠回しに表現するほかなくなっているのですが、子どもによっては、気持ちをしまい込んだまま、だだこねさえもせずに無理をしてがんばっていることがあります」（阿部さん）。

だだこねもしなくなった子どものストレスは、自身に向きがち。頭を床にぶつけたり、夜泣きがひどくなったり。こうして親子の関係がこんがらがってしまったら、専門家に相談して、と阿部さん。

訴え上手に育てるためには、日常から、からだまるごとの伝え合いが大切なようです。

ケース1 「励ましてほしかった」

幼稚園で友だちに乱暴してしまうという6歳の男の子。家でも弟に乱暴します。「かわいがっているつもりでも満足していないのかも」と言うおかあさんに阿部さんは、子どもの甘えには3通りあると話します。

「第1に、『抱っこして』とねだったり不安を訴え、受け入れられ満たされる甘え。第2に、何か悔しいことや悲しいことがあって、泣いてヨシヨシしてもらうと元気を取り戻す甘え。第3に、ぼくは立派なおにいさんになりたいので、でたらめをやったらしっかり止めてほしい、という甘え」。話の途中で、そばで聞いていた男の子が突然泣き出し3番目の甘えの話になると、前にも増して激しく泣き出しました。

弟に乱暴するとき、おかあさんにしっかり抱きとめてもらえると、そこで「いやだ！　叩く！」と騒いで泣き出すことができます。そこでおかあさんも「いやだね、叩きたいね」と相づちを打って気持ちに共感しつつ、「でも叩くのはやめようね」と諭せば、泣いて感情ストレスを発散したいという甘えと、おにいさんになれるように励ましてという甘えを同時に満たせます。

おかあさんはことばで叱るだけで、からだを張って抱きとめればよい、ということを知りませんでした。男の子が求めていたのは、たくさんの第1の甘えではなく、第2・第3の甘えを求めていたのですね。

ケース2 「止めてほしいの」

Dちゃんは1歳半。だだこね期に入って聞き分けがなく、おかあさんが怒ると、かんしゃくやかみつきが出ると相談に来ました。おかあさんは幼い頃とても厳しい両親に育てられたそうです。それでわが子は自由にのびのび育てたいと、できることは何でもしてあげてきたといいます。でもだだこね期になり、迷いが出てしまわれたようでした。

おかあさんには、お子さんにしっかり気持ちを伝えてもらうために、からだを使って制止したり、張り合ったりしてもらおうとしたのですが、どうも力が入らないのです。それが子どもからすると心許ないのですね。そこでおかあさんが子ども役になって、でたらめをしようとする腕を、①ちょうどよい加減でしっかり止める、②あきらめてすぐに離してしまう、③文句を言わせずにがっちり押さえてしまう、の3つの体験をしてもらいました。おかあさんの幼児体験は③だったのでしょう。力が萎えてしまい、それが子どもとのやりとりにも影響していたようです。親が一緒にいる安心のなかで気持ちを素直に出せる①がよいと実感したようでした。

おかあさんに守られた枠の中では安心してのびのびできるのです。子どもは、やりすぎたりまちがえたら止めてもらえることがわかっているからこそ、思う存分、安心して自己表現ができるのです。

もうイライラ、ウンザリしない！

ちいさな子どもへの「ダメ」の伝え方

子どもの発達段階と「聞き分けのなさ」、そして大人のイライラには関係があります。ここでは0〜3歳を中心に、疲れない「ダメ」の伝え方を考えます。

お話＊山下直樹さん（保育カウンセラー）
イラストレーション＊升ノ内朝子

0〜3歳頃までの発達課題と大人のイライラが爆発する時期の関係

0歳

生まれたばかりのあかちゃんは無垢な存在で、しゃべれない、歩けない、想いを伝えられない、思いは泣いて伝える段階です。

1歳

1歳を過ぎると自分の意志をもち、大人の予想をはみ出す行動をはじめます。はじめの1年の発達課題である「立つ」に到達すると、俄然世界への視界が開け、興味にひかれて、いろいろなものを触るようになるからです。この頃は、つかんだものを離すことができないので、わざわざ取り上げなくてはいけません。こうして、「ダメ」を伝えはじめる時期に入ります。

2歳

2年目を迎えると、発達課題は「話す」に移っていきます。ものと、ものの名前が一致してくると、大人と目線を合わせて、一緒のものを見ながら会話できるようになります。この頃には、「それちょうだい」に対して、「どうぞ」と渡すことができるようになります。まだまだ平和な時期かも知れません。

3歳

いよいよ3年目、発達課題は「考える」に入っていきます。わたしのところに相談に見えるおかあさんで、「最近急に悪い子になった」と訴える方は、たいていこのくらいの子どもと格闘しているようです。

上手に伝えるためのハイブリッドな方法

3つのポイント

短く
最低限のことを、簡単に

具体的に
何を、どうするのかを

おだやかに
必要なことを、淡々と

×

2つの環境

一対一で
子どもと向き合って

場所を変えて
話に集中できるところで

やました・なおき　保育カウンセラー。名古屋短期大学保育科助教。シュタイナーの治療教育を取り入れつつ、発達に心配のある子どもたちの相談、療育、学習支援に携わってきた。4児の父。著書に『気になる子どもとシュタイナーの治療教育』（ほんの木）など。

言うことを聞かない！ それは発達の証でも

3歳以降になると、何でも「自分でやる！」と主張し、大人からすると「聞き分けがない」と映る行動をとるのですから、大人がとまどうのもわかります。

でも、それは子どもの正常な発達の証。「悪い子になった」わけではないのです。自我が芽ばえ、そのコントロールの仕方がわからないのですから、すべては自分が中心、となる時期なのです。

燃費の悪い伝え方、してませんか？

「何度言ってもわからない！」という悩みも、3歳頃からはじまります。危険なこと、ひとに迷惑をかけることなどは、やはりちゃんとわかってほしいですよね。それには、「伝わる方法」で伝える工夫が必要です。わたしはそれを、「ハイブリッドな伝え方」と呼び、右ページ下に示したようなポイントを押さえてみて、とすすめています。

大人は、得てして余計なことを言いがちです。たとえば、朝忙しいときに、いつまでもテレビを見ていて食事も着替えも進まない。そこで、「何やってるの！ 早くしなさいって言ってるでしょう！」。これでは伝わらないのです。ごはんを食べてほしいなら、まずテレビを消し、手を添えて食卓に連れて行き、「ごはんを食べてね」とひとこと。これですむはずです。

また、大人は抽象的な言い方をすることも多いですね。よく言うのは「片づけなさい！」。大人には「片づける」のイメージができているのですが、子どもはそもそも「片づける」ということの意味がわかっていません。子どもには、具体的に「これは、この箱に入れてね」という伝え方が必要なのです。大人を模倣する時期でもあるので、実際に、一緒にやる必要もあります。

もし、ことばを費やしても伝わらないとすれば、それは燃費の悪い伝え方、だと思うのです。

「おだやかに伝える」も大切です。大人はつい、かーっとなってしまい、厳しく言いとがめます。それでは、「怒られた」ということだけが印象に残ってしまい、内容が伝わらないのです。ニコニコでなくていいので、おだやかに伝える、これがとても効果的なのです。

そして、これはちゃんと伝えたい、という場合は、一対一で向き合って伝えること。食卓やあそびの場所で「ダメ」が伝わらなければ、少し場所を移動するといいでしょう。

「やり過ごす力」も育児には必要！

子どもが、してほしくない行動をとっているとき、いちいち叱っていると、四六時中叱りっぱなし、ということになりかねません。「ダメ」と言いたいことでも、危険や迷惑がかからない場合は、ときにやり過ごしてみませんか。見守りながら無視する、という感じです。とりわけ、ハンディのある子どもの親にとっては、「やり過ごす力」は大切なスキルです。

「ダメ！」を伝えるには、メリハリが重要。ポイントをシンプルに伝え、まあいいかと思えることはやり過ごす。バランス次第で、親も子もラクになると思いますよ。

それでも

この子大丈夫？ と心配がよぎるなら

何度注意しても、「ダメ」なことをくり返す。泣き叫んでのだだこねが、ちょっと行きすぎている気がする。そういったことが、おかあさん、おとうさんにとって不安に思えるのなら、相談機関に気軽に相談されるといいでしょう。

地域の保健センターなら、無料で相談できます。3歳児健診で相談する、という方法もあります。健診で納得のいく説明が得られなければ、各地の療育センターで、リーズナブルに相談することができます。幼稚園や保育園の信頼できる先生に相談してみるのもいいでしょう。

相談の大前提は、おかあさんやおとうさんが困っているときに相談すること。だれかに「相談に行ったら？」と言われても、相談したい気持ちがないのなら、行く必要はないと思います。

子どもの発達とこころに届く伝え方

いつ、何を、どう伝える？

子どもに何かを伝えるなら、子どもを知ることが必要。子どものこころの発達と、発達段階ごとに起こりがちな困った状況へのアドバイスを、保育士の相川明子さんと、臨床心理士の武田信子さんにお聞きしました。

お話＊相川明子さん（保育士）、武田信子さん（臨床心理士）
イラストレーション＊高畠那生

あいかわ・あきこ　保育士。青空自主保育なかよし会（P84紹介）主宰。自然の中での保育を大切にしている。著書に『土の匂いの子』（コモンズ）など。

たけだ・のぶこ　臨床心理士。2児の母親。武蔵大学人文学部教授。カナダやオランダにて、教員養成、ソーシャルワーク教育、子どもの養育環境などを研究。著書に『社会で子どもを育てる』（平凡社）など。

「叱る」を考えるとき、自分自身や環境も見つめて

「いのちの危険があることに関しては、年齢に関係なく、真剣に子どもに伝えるべきでしょう」と臨床心理士の武田信子さん。しかしそのほかの状況で子どもを叱るとき、子ども自身に問題があるのではなく、周囲の環境とそれによって引き起こされる親の精神状態などが原因になっていることが多いようです。

「子どもは何でも、大人や年上の子のまねをして覚えるので、叱りたく

0〜1歳半頃

何をするにも親頼み。親を参考にして「自分」の基礎をつくる頃

子どもは、おなかにいるときは母親のからだの一部。生まれてすぐは自分と母親は同じものだと感じていますが、だんだん、自分と違う存在だと気づいていきます。

思い通りにならないと泣き、その結果起こったことで世界を確認します。「あれがほしい、これが見たい」という好奇心があるから学びがあるのです。相手にされなければ泣きやみますが、それは「何をやっても仕方がない」という無力感から。いろいろな要求にきちんと応えてくれるひとを信頼し、ひととの関係のとり方を学習していきます。（武田さん）

何でも投げて散らかします。つい、叱ってしまいますが……。

相川さんの答え

子どもはそうして、それが何であるのかを知ろうとしているのです。子どもの好奇心を認めてあげて。危険なものは子どものそばに出しておかないようにしましょう。

武田さんの答え

知恵がつくと、子どもは世界がどうなっているかを知るために、あらゆる実験をします。そこで親が怒ると、なぜ怒るんだろう、じゃあこうしたらどうか、ああしたらどうか、といろいろな方法で試してきます。子どもは科学者のように、脳を使って、日々賢くなっていくのです。

なる場面があるならまねする対象を正さない限り意味がない」と保育士の相川明子さん。また、母子一対一の子育て環境にも限界があります。

「自分の弱さを認め、協力を求めることも大切」と相川さん。一方、武田さんもこう言います。

「わたしは、親は『子育ての場を用意するコーディネーター』だと思っています。いろいろなひとに関わってもらい、子どもが、社会のみんなが自分を尊重してくれている、と思える環境をつくることさえできればいい。

おかあさん方は、子育てもすべて自分でやらなきゃ『自立』した大人ではない、と思っているひとが多いようだけれど、本当の『自立』とは、自分のできる範囲を知り、どこで助けを呼ぶべきかを知っていることだと思うんです」

子どもの成長と、周囲の環境など、総合的に考えていけたらいいですね。

1歳半頃〜
歩けるようになり、行動範囲が広がる。少しずつことばを覚えはじめる頃

できることがどんどん増え、何にでも挑戦します。やりたいことがうまくいかないといらついたり、大人に止められるとかんしゃくを起こしたりすることも。いつもはにこやかな親が、子どものしたことに対して表情を変えるのを見て、「なぜだろう。これは何かあるに違いない」と考え、もう一度やって確かめようとします。

たとえば、「おみそ汁はこぼしてはいけない」ということと「外あそびでは、お水はこぼしていい」という違いを確かめるために、おみそ汁をわざとこぼすこともあるのです。この時期にあらゆる体験をすることが大切です。親子がお互いのしたい方向に引っ張り合う、綱引きのような時期です。（武田さん）

何でも自分でやらないと気がすまず、手を出すとかんしゃくを起こします。

武田さんの答え

たとえばむずかしいパズルが解けそうになっているとき、自分よりできるひとに手を出されたら悔しいもの。何をするにも、その子に必要な時間を予測して充分に待ってあげましょう。「だれの都合で叱っているのか」を考えてみて。

子どもには、親の都合を理解する力はまだないのです。前述のように子どもは科学者だから、理不尽なことには納得がいかない。でもそれを説明する手段がないから泣きわめき、ひっくり返るしかなくなってしまうんですね。

2歳半頃〜
走り回れるようになり、他者との関わりが増えてくる頃

ことばが出はじめ、ある程度の自己主張ができるようになると、ものごとのルールを発見するためにいちばん便利なことばが「イヤ」。何でもいいから「イヤ」と言ってみて、相手の反応を見る。それを止められたり、受け入れられたりしていくなかで、物事のルール（自分にとって困ることが起きないための予防線）を学びます。

ここで親自身のルールがぐらつき、気分次第で、そのときどきで言うことが違うと、子どもは混乱して「イヤイヤ」がエスカレート。自立のきっかけを失ってしまいます。

ほかの子どもとの関わりが増え、上の子や大人などのまねをしてものごとを覚えていく時期でもあります。（武田さん）

おもちゃの取り合いなど、子ども同士のトラブルに、親はどの程度介入すればいい？

相川さんの答え

この時期は友だち同士の関係性をまだうまくつくれないので、できれば、何かひとつのものを奪い合ってあそぶことはしたくないですね。奪い合う状況をはじめからつくらないことが大切です。わたしの主宰する青空自主保育なかよし会では、海にあそびに行くときは、道具は持っていかないで、ひたすら砂の感触をからだで感じ取ります。

ものの取り合いから人間関係をつくるために、わざと人数より少ない数のものを子どもたちに渡すこともあるのですが、2歳頃までの子どもたちは、ものに執着してしまうので、それはしません。

3歳を過ぎて自分たちで人間関係をつくれるようになったら、あえて、ものをひとつだけ出してどうやってあそぶかを考えるようにしむけることも。

全員分のものがあれば、けんかは起こらないけれど、友だちと交わることができない。「自分がやるー！」と言う子が出て、取り合いをして、その結果どうするのかを子ども同士で考えることが大切です。

電車に乗ると騒いで仕方ありません。なぜ、こんなに聞き分けがないの？

相川さんの答え

静かにすべき公共の場で子どもがギャーギャー泣いていたら、抱えて連れ出すことは必要でしょう。でもそこで、なぜ子どもが騒いだのかを考えて。どうしても一緒に行く必要がない場所なら、子どもをひとに預けることを考えてもいいのではないでしょうか。

武田さんの答え

ちいさい子どもには、電車の中は目新しい刺激の宝庫です。ふだんとの違いに興奮したり、疲れすぎてしまうので、自己コントロールがむずかしくなります。混んだ時間を避ける、長く連れ歩かないなど無理のないように。また出かける前に、公共の場でのルールやほかのひとの気持ちを説明しておきましょう。

3歳半頃〜
行動範囲が広がり、外の世界との関わりから「社会」を確認する頃

同い年や異年齢の子どもに強い関心が出てくる時期。親との間で確認できたルールが友だち同士では通用しないこともあり、いろいろなひととの関係のなかで、世の中には理不尽なこともあることを学んでいきます。
「ぼくが噛みついたら怒られたのに、あの子がひとの見ていないところで噛みついたときには怒られなかった」というようなことがたくさん起こり、がまんすることも覚えます。外で受けたストレスを母親に対して発散させることもありますが、そこで「そういうあなたでも大好きだよ」と認めてもらってエネルギーを補給し、また複雑な人間関係のなかに出て行くことができます。（武田さん）

何度言っても、なかなかあいさつができません。

相川さんの答え

最初はうまくできなくても、遅かれ早かれ、親の後ろ姿を見ていたら、自然にできるようになります。これは待つしかないですね。

武田さんの答え

子どもは、親のまねをして育つもの。教えようとするのではなく、親がちゃんと相手を見て「おはようございます」と言っていれば、「あなた、おはようは?」なんて言う必要は全然ない。まずは、大人自身が自分の行いについてふり返る必要があるのではないでしょうか。「ごめんなさい」も同じことだと思います。

上の子が下の子を叩いたり、つねったりしていじめます。つい、きつく叱ってしまいますが……。

相川さんの答え

下の子がいると、親はどうしても上の子と関わる時間が減りますが、上の子がそれを不満に思っているなら、下の子を預け、上の子が母親をひとりじめできる時間をつくってあげてみては?

集団保育の場合、いじめた子を責めず、いじめられている子のいいところを声に出して引き立てます。きょうだいでも同じ方法をつかえます。

武田さんの答え

下の子ができると「わたしとどっちが大事?」と聞く子がよくいます。そんなときは「〜ちゃんはイチゴもメロンも好きだよね。どっちも違うおいしさでしょう? ふたりもそれと同じでどっちも大事よ」ってギュッとしてあげて。

4 歳頃〜 親以外の大人や友だちとの関係が広くなる頃

幼稚園などに通いはじめると、頼る対象が親から先生などに移っていきます。集団生活では意に添わないことでも合わせたりがまんする場面も出てきます。子どもは家の中と外の違いを経験して、より複雑な世界を学ぶのです。ここで親が何でも先回りすると子どもは自立のきっかけを失います。成長には個人差があり、その子なりのペースを見守ることが大事です。（武田さん）

いまだに落ち着きがなく、うろうろしています。どうしたらいいでしょう？

相川さんの答え

静かな時間の心地よさを日頃から体験しているでしょうか。テレビなどのきつい光と音に囲まれた生活をして、刺激の強い食べものを食べていたら、基本のからだができません。

たとえば、せせらぎが聞こえ、あたたかい陽光が降り注ぎ、木の葉がちらちらと光っているようなところにいてもそわそわしているなら、ちょっと心配。でも、都会の狭い部屋で動き回ってしまうのは、しょうがないことかもしれません。テレビやビデオ、ゲームのない落ち着いた環境と、思う存分外あそびできる機会を用意してあげましょう。子どもは成長すべき時期を逃しても、少し時間はかかりますが学び直すことができます。

自立していく子どもを見守ろう

お話＊武田信子さん

右図は、子どもの成長段階ごとの親との距離を表しています。①〜④を順に通過することで、子どもは自立していきます。たとえば、②から急に④へ行くと、どこかで③をやり直さなければなりません。また、ハイハイの頃になってから「よし、出番だ」と父親が急に出てきても、ひと見知りされてしまう。これは、きちんと①の段階を一緒に過ごしていないからです。母親と同じような密接な関係を子どもと築くためには、①を時間をかけてやり直さなければなりません。

親は子どもをコントロールしようとするのではなく、その成長を理解して自立を助けられるよう、子どもが少しずつ離れても、戻ってきたときに、ちゃんと抱きとめてあげる準備をしておくことが大切です。

①生後〜10ヶ月頃まで
生まれて間もなくは、子どもは母親の一部と感じている。つねに一緒にいる状態。母親は子どもの基地。離れてもかならず戻ってきて、愛情のエネルギーを補給する存在。子どもが離れたときにも信頼して見守れば、子どもはひとりでがんばる力を得る。

②10ヶ月〜1歳頃
ハイハイしながら親から少し離れるが、何をするときも「これでいいの？」というように親のほうを振り返ったり、親のところに戻ってきたりして、かならず確認する。

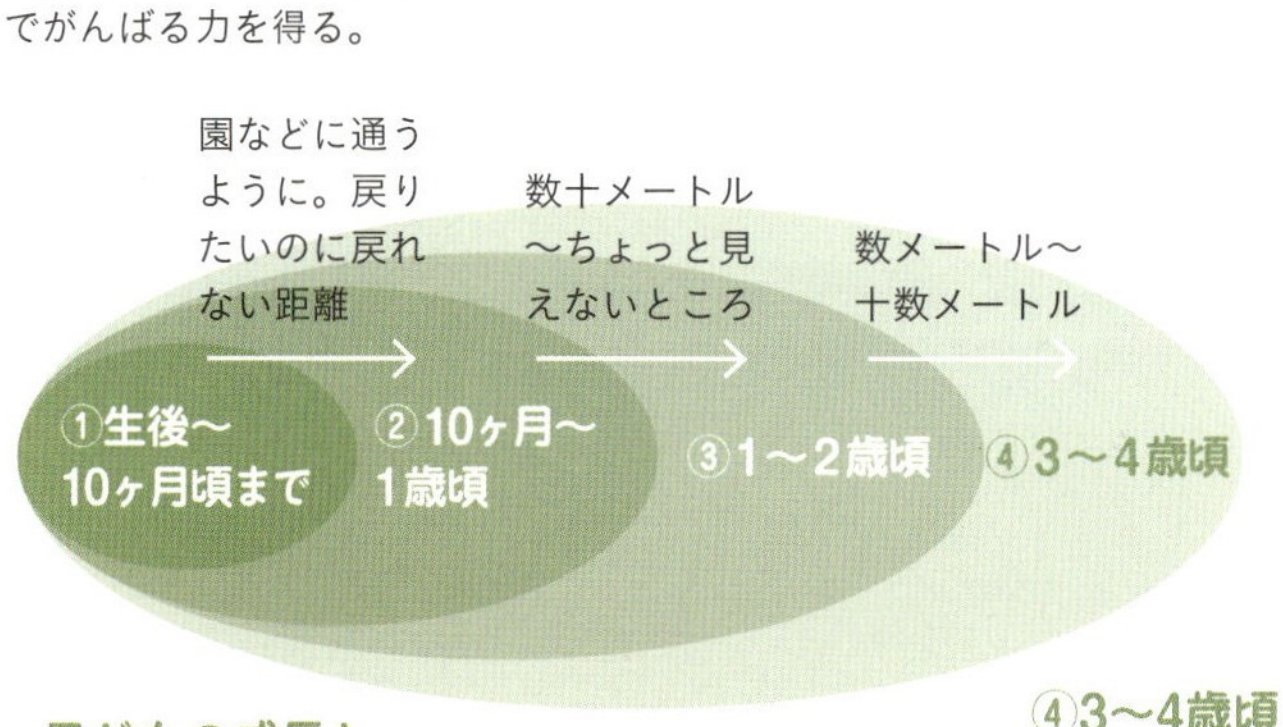

子どもの成長と親との距離

③1〜2歳頃
親から少しずつ離れ、冒険をし出す。ちょっと怖いな、と思っても、がんばって親からの距離を延ばしていく。

④3〜4歳頃
一時的な基地が、園の先生に。母親が信頼しているひと、または世話をしてくれるひとを信頼するようになる。母親と離れ、友だちとの関係の中でやっていく時間が長くなる。

仲間や自然と一緒なら「叱る」はいらない

「見守る」保育から見えてくること

「青空自主保育なかよし会」では、「叱らない、ほめない」が基本。ここに、子どもがいきいきしてくる秘密がありそうです。

お話＊相川明子さん（青空自主保育なかよし会・保育士、プロフィールはP78参照）

撮影＊落合由利子　撮影協力＊青空自主保育なかよし会の皆さん

取材したのは、3〜4歳のグループ。友だち同士の交流がさかんで、だれかが遅れをとると、心配して見に行く子どもも。

大人は、口にチャック 手は後ろ

「子どもは何でも体験して、からだで覚えます。年上の子を見て覚えたり。それはすごい察知力ですよ」と青空自主保育なかよし会主宰の保育士、相川明子さん。なかよし会は自然の中で保育をするのが特徴で、そのフィールドは鎌倉にある山崎の谷戸。相川さんのほかに、当番の母親が2～3人参加し、数人～十数人の子どもたちと一緒に身近な自然の道なき道を行きます。険しい坂道はどう下りたらケガをしないか、どろどろの道はどうすると歩きやすいのか、川ではどんなあそびがたのしいのか、暑いときはどう温度調節するのか……子どもたちは自分で考えます。

「きょう参加した子どもたちは3～4歳。1歳から参加しているので、あれが当たると痛い、これは危ない、

だれかがケガをすると、心配なのと興味とで友だちが寄ってくる。写真に写っているのが相川さん。「子どもを見なきゃいけないんじゃなくて、見るとおもしろい！ 毎日いろいろな発見があるんです」。

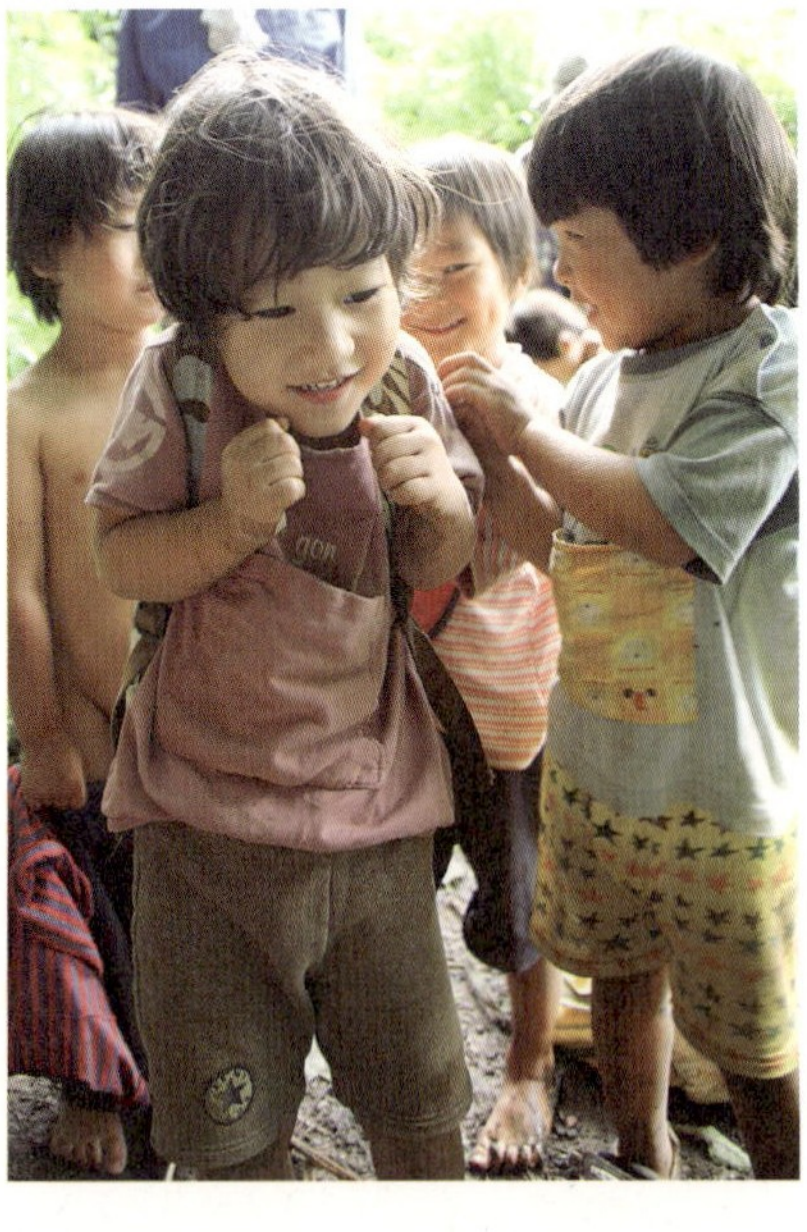

みんな元気いっぱい！ 何かいたずらしてるのかな？ 子どもたちだけのあそびの世界がくり広げられます。

大人が口を出さなくても、子どもは自分で解決する力をもっています。

というのを経験から知っている。友だちを、どこまで叩いたら痛いのかだって、やってみなければわからないから、一度はみんな経験しているんです。

ここでは、けんかを奨励しています。『これ、わたしがやりたーい!』と自己主張をしすぎたら、集団からはじかれる。そこで、ちょっと引いて友だちと一緒にやっていく方法を見つけたり。一緒にあそんで、友だちにニコッとしてもらったほうが、気持ちがいいことに気づくんです。イヤなことをたくさん感じることは、何が気持ちいいことなのかを知ることにもなります。けんかも、大切な経験なんですね。

そして、『叱らない、ほめない』も基本。それは、子どもに、大人の価値観にしばられ、大人の顔色を見て、何かをするようにならないでほしいから」

うまくいかない場面ではプラスの声かけを

『叱る』に関しては、大人が口を出さないでも、子どもは何でもできる力をもっているので、何かアドバイスをすることはあっても、叱らなければいけない場面はほとんどないんです。

はじめて参加するおかあさんは『あぶない!』と、つい手が出てしまいますが、子どもだけで何とかできる。それに気づくと『いままで、家でいろいろなことを言いすぎた』と感じるようです。

靴をはけずにもたもたしている子がいたとしても、大人は手を出さない。放っておけば、子ども同士で助け合う。そこで、子どもはひとのために何かをすることのよろこびを知ります。

そして、ことばがけは、つねにプラス思考でするようにこころがけています。転んだときは『大丈夫?』ではなく、そのことから意識をそらすように、『きょうは、びわのおやつがあるよ。あと少しだから、行こうか』とか。ことばは魔術師のようなところがあって、プラスのことばがけで、子どもは前に進んでいけるんです」

子どもの感性のじゃまをしないように

『ほめる』に関しては、たとえば川の絵を描いた子を『上手ね』とほ

お弁当の時間には、いったん一人ひとりからお弁当を集め、当番の子どもが、お弁当を配ります。友だちのお弁当袋を覚えたり、配るときのちょっとしたコミュニケーションも大切にしています。

何を見つけたのかな?

急な斜面を木の根につかまりながら、登ったり下ったり。あそびたくなった場所があそび場所。

どろどろのぬかるみも、はだしで力強く歩いていきます。靴のほうが歩きやすければ、自分で判断してはきます。

めると、川を描けばほめられると思い、みんな川を描くようになります。それはまったく意味のないこと。だから評価はせず、『いっぱい描いたね』などと認めるだけです。

そして、どんなときもなるべく形容詞は使わないようにしています。紅葉を見ても『きれいな色』とは言わない。大人は赤や黄色の色がきれいと言うけれど、子どもは『何でこんなものを？』と思うような茶色の枯葉を『これ！』と選んで宝物にします。そこには、その子にしかわからない魅力がある。子どもは、大人の観念とまったく違う多彩な感覚で、周囲のものを自分のなかに取り入れています。そうして感じ取ったものが、無意識のなかにどんどん蓄積され、生きる力になるんだと思います。

もし感嘆の声を上げるなら、『この前のクモがこんなに大きくなった』とか『かたつむりのあかちゃん、ここにもいるね』とか、自然界を見て感動した気持ちを素直に伝えたいですね」（相川さん）

大人同士も、学び合い助け合いを大事に

なかよし会では、母親同士も、子

当番のおかあさんの子は、かならず甘えて泣きます。

いつの間にか裸になって、あそび出す子どもたち。

ミミズをポケットに入れて、おかあさんへのおみやげに。

木登りも見守って。

どもへの声かけの方法などを学び合っています。保育のあとは、一緒にあそんだり、子どもを預け合うなどして協力しています。おかあさん方は、それぞれ、このように語ってくれました。

「遅れてゆっくり歩いている子に『早く行きな』と言ってしまったことも。でもほかのおかあさんから『その子のペースでいいんだよ』とアドバイスされました」

「子どもがやんちゃで、前の保育園が合わなくて。でもここに来て、思いきり動けるし、仲間とやり合うなかで自然に何でも学んでくれるので、わたしが口を出す場面も少なくなり、ラクになりました」

「室内だと、すぐけんかになるけれど、外だとあまりならない。自然の中だと叱らなきゃいけないことってあまりないんです」などなど。

自然の中で、仲間とともに育ち合うなかよし会の保育は、子育ての環境や大人の生き方についてなど、多くを問いかけてくれているよう。子どもだけでなく大人も大きく育ちそうです。

その手があった！

困ったときの頼れる味方

「叱る」ブックガイド

子育てに自信がもてなくなったとき、「これでいいの？」と迷ったとき……
ふと開いた1ページに、解決のヒントが隠されているかも。
おとうさんにもおすすめしたい、選りすぐりの一冊を集めてみました。

抱っこ法を提唱する著者が、幼児期の発達に沿った行動や心理をもとに、親子が互いに納得して前進できる「しつけ」をアドバイス。

ココに効く！
本当は愛情でいっぱいの親と子のこころを「スキンシップで通わせる」たくさんの具体的な方法がこころ強い。

『1～6歳 成功する！ しつけの技術 叱らなくても大丈夫』 阿部秀雄／著　カンゼン／刊

育児は「参加」するものではなく、「当事者」として父親が担える仕事があることを、漫画とコラムでわかりやすくアドバイス。

ココに効く！
育児に関して「意欲はあるのに噛み合わない」と思っているおとうさんと、「わかってほしい」と願うおかあさんに。

『忙しいパパのための子育てハッピーアドバイス』 明橋大二／著　太田知子／画　一万年堂出版／刊

シュタイナー学校の教師として、父親として経験した失敗や子どもたちから学んだ出来事を、やさしく、ときには率直なことばで語る。

ココに効く！
大人が思う「問題」の多くは、子どもではなく大人のものの見方が原因。読後は子どもの力を信じたくなる。

『おとながこどもにできること』 ローター・シュタインマン／著　鳥山雅代／訳　春秋社／刊

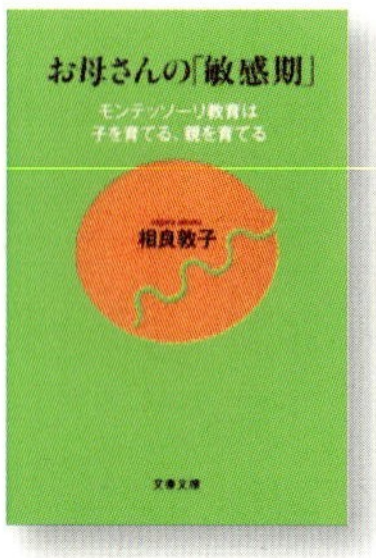

発達段階ごとの自然な欲求を満たしながら成長を促すモンテッソーリ教育。その家庭での実践方法を図入りでわかりやすく紹介。

ココに効く！
子どもにとって大事なのは「いま、このとき」。「敏感期」がわかれば、叱る場面がなくなるとわかってホッとする。

『お母さんの「敏感期」モンテッソーリ教育は子を育てる、親を育てる』 相良敦子／著　文春文庫／刊

ベテラン保育士の著者が、よくあるケースをもとに「親が叱りたくなるのはなぜか」を親子の気持ちを代弁するように結び合わせていく。

ココに効く！
叱ってばかりの自分にうんざりしている方に。子どものこころ模様がわかるようになるヒントがいっぱい。

『子どもを叱りたくなったら読む本』 柴田愛子／著　学陽書房／刊

厳しさと愛情を矛盾させない「しつけ」を提案。すぐに実践でき効果が上がると反響を呼んだ育児法の書。

ココに効く！
親の役割は「あたたかいやさしさ」と「ゆずらない強さ」。わかりやすい解決法は「いま」何とかしたいときに。

『子どもを叱らずにすむ方法おしえます お母さんがラクになる新しいしつけ』 スティーヴ・ビダルフ／著　菅靖彦／訳　草思社／刊

わらべうたには親子をやわらかくつなぐ知恵がたくさん！ 実践すれば、ちょっとしたことも笑ってやり過ごせる余裕が生まれそう。

ココに効く！
コミュニケーションがうまくいかないときに。大人も元気になり、子どもとのやりとりがきっとたのしくなる。

『「わらべうた」で子育て 入門編』 阿部ヤエ／著　福音館書店母の友編集部／編　福音館書店／刊

野口整体の書。頭（ことば）で説き伏せるのではなく、そのときのからだの状態を知り、いたわること。その大切さと効果を事例で紹介。

ココに効く！
整体の心得を育児にも。子どもが起こす「現象」に目を奪われるのではなく、そのときのからだの状態を観察しよう。

『叱り方　褒め方』 野口晴哉／著　全生社／刊＊

実際にあった相談から、「問題行動」は、子どもが全力で発する大人へのシグナルであることを紹介。親子関係を見つめ直す手がかりに。

ココに効く！
子どもを「問題児」と決めつける前に。子どもの思いを真剣に受け止め、寄り添う覚悟ができる本。

『カウンセラー良子さんの 子育てはなぞとき』 内田良子／著　ジャパンマシニスト／刊

＊『叱り方 褒め方』は、書店等での一般販売はしていません。お求めは次のサイトより。http://www.zensei.co.jp/

わたしだって
がんばっているけれど、
子育てって思うように
いかないものね。

［完璧じゃなくていい！篇］

「叱らなくてもＯＫ！」と言いながらも
「叱らない」なんてこと、ありえない……。
親だって人間です。ときには感情的になることも。
人間味があるくらいがちょうどいいのかもしれませんよ！
ときには休養しながら、「自分らしさ」を
大事にして子育てしませんか？

わが家なりの子育てがいい

叱る場面も、怒っちゃうときもあるけれど、ありのままの姿で向き合える家族でいたい。

元気ざかりの龍之介くんをあたたかく、ときには真剣勝負！で育てるモデルの田辺あゆみさんと、写真家の藤代冥砂さん。親も子どもも、素直な気持ちを出し惜しみせずに表現して、素のままの「大好き」や「困った！」を共有できる関係は、「叱り方」を悩んでいるひとにも参考になるヒントがいっぱいです。

お話＊田辺あゆみさん（モデル）、藤代冥砂さん（写真家）

撮影＊宮津かなえ

怒るときとかわいがるとき、メリハリがあるのがいい

青い海をバックにすてきな笑顔を見せてくれた田辺あゆみさんと写真家の藤代冥砂さんは、ちょうど龍之介さんが生まれる頃、都内から神奈川県の葉山へ引っ越してきました。

「妊娠したときから、少しずつ生活習慣は変わってきたんですが、食の変化は、こっちに来てからが大きいですね。新鮮でいい素材が手に入るし、食に携わる友だちが増えたこともあって」と田辺さん。

そう、葉山はいわゆる「地産地消」が無理なくできる環境。子育てをしているひとたち同士のネットワークも充実しています。

「子どものために引っ越してきたわけではなかったけれど、結果的には自分たちもラクに子育てできて、この子にもよかったと思います」

そう話す田辺さんのそばで、龍之介さん（5歳）は椅子の下にもぐったり、ボールを転がしたり、おもちゃのドラゴンをベルトにしてみたり……。となりの藤代さんが、さりげなく膝の上に抱っこ。

「龍之介が生まれて変わったのは……彼女を撮る写真の量が減ったことかな。つい子どものほうに気をとられて、うすうすやばいなと思っているんですが（笑）。

とにかく彼と一緒にいる時間を、少しでも長く取るようにはしています。親のほうもそれがたのしいってこともあるんですが、遠くから愛を送るより、何をするわけでなくても、近くにいるほうがいいのかな、と。

ほかのひとの子育てを見て、いいなと思うことは、するようにこころがけていますが……なかなかうまくはいかないですね（笑）」

龍之介さんは4歳。どちらかというと慎重派で、無鉄砲なことはしないほうですが、やっぱり叱る場面はあるもの。おふたりもそれぞれに工夫しながら、龍之介さんと向き合っています。

「彼女の龍との接し方には、メリハリがあるんです。怒っちゃうときももちろんありますが、かわいがると

きはすごくかわいがる。『好きだー！』という表現が寸止めじゃないのがいいですね。彼女のなかでの帳尻合わせなのかもしれないけれど、それがあるのとないのでは、全然違うだろうなと」と藤代さんが言えば、「冥砂はいつも、膝をついたりして龍の目線に下がって話を聞くんです。たしかに、この子も何かイヤな思いをしたから怒っていたりするので、そこへ上から言われても、聞く用意ができないですよね。これからはわたしもそうしようかな、と思ってます」と田辺さん。

どちらかが怒っていたら、どちらかは受け止める。ただし、その場でどちらかの言っていることを否定はしない。なぜ怒っているのかを冷静に説明する……。そんなやり方が自然に生まれたと、藤代さん。

「最後はどちらかが抱きしめて、納得して終わります。突き放したまま、ということはしないかな」

泣いたり怒ったり、を真っ正面から受け止めたい

編集部が訪ねた2月初旬、逗子で作家・池田香代子さんの講演会がありました。足をはこんだおふたりは、そこで聞いたお話にハッと気づかされることがあったと話してくれました。田辺さんによれば、その内容はこんなふう。

「池田さんが、『男の子だから、女の子だからという押しつけはよくない』ということを強く言われていたんです。男のひともがまんせず泣いたほうがいい、いま中高年男性の自殺が多いのも、自分の弱いところを出せないひとが多いからだというお話で。つらいときはつらいと家族に言えるおとうさんになりましょう、そのためには、ちいさいときから、男の子だろうが女の子だろうが、泣きたいときは泣いたほうがいい、と聞いて、なるほど！と」

どちらかが怒っていたら、どちらかは受け止める。

「龍之介には漁業とか農業とか、生きることに直結した仕事に就いてほしいですね。海へ行くと、沖から彼が『おやじ、釣ったぞ！』って魚を手に帰ってくる、そんなイメージです（笑）。家族にすでに写真関係のひとはいるから、ダブらないほうがいいでしょう？　漁師といっても一年の半分くらいいない遠洋漁業じゃなくて、もうちょい近めの。イカ漁くらいがいいかな（笑）」（藤代さん）。

育児ではお互いのはっきりした分担はないけれど、龍之介さんとお風呂に入るのは藤代さんのほうが多い。
「湯船の中でウルトラマンごっこをするんですよ。そのリアクションが自分のほうがていねいらしくて、指名が入るんです。『パパだね！』って」（藤代さん）。「わたしは力を抜きぎみなので……」（田辺さん）。

［クーヨン］での田辺さんの連載「りゅうのすけ日記」をたのしみにしているという藤代さん。「書かれている通りのことが日常起きています。意外な発見だったのが、彼女の文章がうまいこと。短い文章の中でも一応オチっぽいものもあって、身内でもクスッとなってしまう。『うちらってかわいい家族なのかも』って誤解しているぐらい（笑）。彼女にそういうことができるというのが、新鮮な驚きでしたね」。

喜怒哀楽って、ひとの表現活動としてすごく大切。

藤代さんには、ズバリ思い当たるところがありました。

「まさに、『男の子なんだから、めそめそするんじゃない』みたいなことを、よく言ってたんです。〈女だから、男だから〉という考えにはしばられていないつもりでしたが、ふとしたときに本音というか、染まっている部分が出るんだなと。

喜怒哀楽って、ひとの表現活動としてすごく大切なので、それを止めてしまうと、子どもから大切なものを奪うことになるなと反省しました」

田辺さんは、また別の視点から考えていました。

「わたしも、子どもに泣かれるとつらいので、泣かせてあげたほうがいいときも、つい『泣かないで』と言っちゃうことがあったんです。

わたしたちの前での龍は、結構感情を出すんですね。たとえば、集中してあそんでいるときに、『ちょっとパパを駅に送りに行こう』などと言うと、『イヤだー!!』とパニックになって、わたしたちを叩いたり、ものを投げたり。

それが気になっていたので、先日、保育園の個人面談のとき、『園でもそういうことがありますか？』と聞いたら、いっさいないと。やっぱり団体生活の中では、抑えている部分があるんだなあと。だったら家は、甘えたり感情を出したりができる場所にしておいてあげたい、そう思いました」

龍之介さんの誕生祝いに贈られた木のスプーンと、器店「宙（そら）」で田辺さんが求めたお椀。スプーンには、歯が生えてきた頃のかじり跡も。「直せばきれいになるんですが、何となくそのままにしておきたい気もして……」（田辺さん）。

家は、甘えたり感情を出したりできる場所にしておいてあげたい。

田辺さんのご実家は東京、藤代さんは千葉と、少し離れていますが「ばあば、じいじ」の存在は、家族みんなにとっても大きいもの。

「子どもがいることで、自分たちも親と距離が近くなったし、関係性も変わってきたと思います」と田辺さん。藤代さんは、「親になって、自分の親をこれまでとは別のアングルから見られるようになった」と言います。

「〈子育ての先輩〉に見えたり、ふたりが若い夫婦だった頃の横顔のようなものを感じたり。そうなったとき、親から龍之介や未来の孫まで、広い視野で〈家族〉を捉える視点が生まれました。家族ってすごくちいさなもので、『よし、ここを守るぞ』と思っていたけれど、相手の親など、自分が親身にケアしたいと思うひとが増えて……家族というものが、ふわっと広がった感じがします。自分にとっては、心地よい広がりですね」

電話をしてきて、「みんな元気だよ」と聞くと、もう安心して切ろうとする藤代さんのおとうさん、友だち感覚で、ざっくばらんな田辺さんのおかあさん……ユーモラスに語られるエピソードには、どこか切なくなるようなあたたかさがあります。

そんな家族の真ん中で大きくなった龍之介さん。実は1～2歳の頃は、

龍之介さんがおなかの中にいた頃からのアルバム。藤代さんが田辺さんを撮った写真集『もう、家に帰ろう』に続く一冊になりそう？「家族の写真集は、またつくりたいと思ってるんですよ。写真は撮ってあるので、龍の区切りのいい時期に合わせてまとめたいですね。前回は一対一でしたけど、今度は犬猫も含めた、もうちょっと家族っぽいものになるでしょうね」（藤代さん）。

アトピー性皮膚炎がひどい時期もありました。そのときは、どうするべきなのか悩んだ、と田辺さん。

「自然に治してあげたいけれど、結構ひどかったので、周りから『何でほっとくの?』と心配されたりもして……。いまはだいぶ落ち着きましたが、春先はやっぱりひどくなるんです。自然療法で対処したいけれど、医学も否定できないし、そのあたりのバランスがむずかしいですね」

龍之介さんが病気になったときは、藤代さんのほうが心配性です。

「わたしが大丈夫かなと思うときでも、冥砂は『とりあえず病院に行ってみて』と言いますね。わたしが病院に行くのは、いま、からだに何が起きているか知るためなんです。基本的にはあまり治療してもらおうとは思っていなくて。診断を聞いて、これは薬を使うべきか、自然治癒できるかを自分で判断します。病院とはそんなふうにつき合っていますね」

この子が大人になったときの「家族」を思って……

龍之介さんが大人になる頃、どんな家族になっていますか、と聞いたら、藤代さんからこんな答えが。

「龍之介や、これからまた新しい子が生まれたりすれば、その子たちが帰ってきたくなるような家にはしていきたいですね。自分も含めて、帰ってきたくなるような家。〈おふくろの味〉じゃないけど、〈おやじの○○〉とか、ちょっとほっとできる〈家族の○○〉がいろいろある家にしたいですね」

実は藤代さんには、住むところを転々としたい願望もあります。

「5年ごとくらいでいいんですが、いろいろな土地に住んでみたいんです。でも、彼女はいまここがすごく気に入っているから、単身赴任か家族離散……それは避けたい」と藤代さん。

「引っ越しとか、ないのかな?」の問いに、田辺さんは「わたしはない！ ごめんなさい」と即答。

「もともと面倒くさがり屋なのもあるし、ひととの関係って時間をかけてつくっていくものなので、それを簡単に捨ててフラッとは……。わたしには向いていないですね」

藤代さんも、この土地の心地よさは感じています。

「たしかに関係が深まると、『じゃあね』とはいかない感じはありますね。土地に根ざすほど、そのあたり全体が家みたいになって。たとえばcoya（フードコーディネーター・根本きこさん夫妻のカフェ）に行くと、ほとんど〈自分ち〉というか、ホームを感じる。そういう拠点がこのエリアにはいくつかあるんですね。子育てをすると、ひとの子どものことも気になるし、地域との結び方がすごく変わりますよね」

それでも「『大草原の小さな家』があこがれ」と言う藤代さんに、「そういうのは旅行で、何とかならないのかな〜」と田辺さん。どこへ行っても、大切なひとの待つ場所が「帰りたいホーム」になるのでしょう。

たなべ・あゆみ　雑誌等で活躍中。神奈川県・葉山から沖縄県に拠点を移し、息子、夫、犬、猫たちと暮らす。新刊『あゆみごと。』(マーブルトロン)、『もう、家に帰ろう2』(ロッキング・オン) 好評発売中。公式ブログ更新中！ http://tanabeayumi.jugem.jp/

ふじしろ・めいさ　1990年からフリーの写真家に。写真集に『RIDE RIDE RIDE』(スイッチ・パブリッシング)、『もう、家に帰ろう』(ロッキングオン) など。執筆も多数。

ふじしろ・りゅうのすけ　2005年11月生まれ。自然な育ちを大事にする保育園に通い、心身ともにたくましく成長中。水で顔を洗うのはちょっぴり苦手。好物はレーズン。

なかよし対談

子どもへのダメの伝え方 わたしの場合

子どもの「イヤイヤ」に「ダメ」を伝えるとき、どんな工夫をしている？
聞き分けがなくてどうしようもないとき、どんなふうに対処してるの？
ちいさい子どもとの暮らしで直面するいろんな「困った」について、
なかよしママ友だちのおふたりに語っていただきました。

お話＊田辺あゆみさん（モデル）、根本きこさん（主婦）

撮影＊泉山美代子　撮影協力＊coya

[月刊クーヨン]2009年7月号に掲載された記事に加筆・修正しています。

「育て方が悪いんだ」と落ち込んだ時期も……

田辺さん（以下敬称略） 子どもへの「ダメ」の伝え方……これに関してはすごく困ってて。

　実は今朝も龍（息子の龍之介さん、3歳）と言い合いをしてきたところ。2歳頃から本当に言うことを聞かなくなりはじめて。

　最初は自我が出てきて「イヤなものはイヤ」という主張だったのが、最近はわかっていてもわざと言うことを聞かないというか、わざと違うことをやって親を困らせるのをたのしんでいるような感じがする。

　とくに外であそんでいるときなんかは、家では叱られるからやらないことも、外でほかのひとの目があるからある程度大丈夫、みたいな。結構知恵がついてきたんだよね。

根本さん（以下敬称略） 龍くんって、むかしから知的っていうか、発達が早いよね。うちなんかまだ全然子どもと言い合いなんかできないもん。

田辺 たしかに。哩来《りく》（根本さんの息子さん、3歳）が、まだのほほんとしていた時期には龍はもう悪ガキ期に突入して自己主張し出してた。

　哩来はいつもにこにこしているのに、何で龍はこんな〈怪獣〉に育ってしまったんだろうって、一時期落ち込んだもん。きっとわたしの育て方が悪いんだ、って。

　でも、そのうち哩来もだんだん自己主張するようになって、すごくほっとした。きこちゃんが育てた子もこうなるんなら、大丈夫だ！って（笑）。

　きこちゃんには本当にいつもいろいろなことを相談してるけど、こちらが悩んでいることに対しても「それでいいんじゃない？」って言ってくれると、すーごくラクになる。「あ、いいんだ！」って、悩みがスコーンって抜ける感じ。結局自分がそれでいいって思えないから悩むわけだからね。

根本 すっごいおおざっぱなんだよね（笑）。でも、わたしも本当にみんなに助けられて子育てしているんだと思う。

子どもをとらえるレジ脇のちいさな誘惑

根本 最近はね……よくスーパーのレジの近くにちいさいお菓子とかが置いてあるけど、あれが本当に困る！

　レジ待ちで並びはじめたときに、そこに子どもが手を出して流れが止まっちゃうと、本当に困る。「あれほしい！」って、並んでいるときに言われるとつい折れそうになるけれど、そこで買ってあげるのもシャクだし、かといって、折れなかったらこのままだし。

田辺 困るよねえ。龍もよくやる。

「それでいい」って言ってくれる友だちがいると気持ちが軽くなる。

根本 ねー、すごく困るんだよね。しかも、スーパーに行ってほかの子が「ぎゃーっ」て騒いでおねだりしている姿なんかを見ると、「そういうふうにやるんだ」って覚えて、まねしてやったりするの。いつの間にこんな技を覚えたのかとびっくりしちゃって。

その場で言って聞かせてもどうしようもないときには、これならギリギリ許せるかな、と思えるものを代わりに買ってやりすごしたり、とにかくぎゅーって抱っこしたりするかな。

田辺 そういうとき、抱っこさせまいと子どもが全身の力を抜いて、ぐね〜ってならない？　龍は結構そうやって、そのへんに寝っ転がったりすることもあるんだけど（笑）。

根本 そういうときこそ、こっちは冷静でいたいよね。

田辺 うん、そうなったらしばらく放っておくかも。もし夫がいたら、バトンタッチ。

根本 でも、本当にどうしようもないときは、感情的にばーんと言うっていうのも、わたしはアリだと思う。こちらにもいろいろ事情はあるわけだしね。

ちなみにそのスーパーの一件では、その場で頭ごなしに「ダメでしょ！」なんてことは言わなかったんだけど、その後1週間ぐらいは、車の中とかお風呂のときとか、子どもが落ち着いているときに、そのときのことを思い出しては、「あのときね、あんなふうにぐずったけどさ、ぐずってもぐずんなくても、買えないときは買えないよ」って、ずいぶんくどくどと説明した（笑）。

田辺 子どももまた、そのときのことをちゃんと覚えているからね。わたしの場合は、そのときのムカムカした感情をまた蒸し返したくないから、あんまりあとで言うことはないかなあ。

「おばけ」の力ももう通用しないから

根本 たぶん、もう少し哩来が大きくなったら、「かあさんうるさいよ」って言われるんだろうね。

田辺 あ、それはもう言われてる。最近は全部言い返される。

根本 本当⁉

田辺 いままで、わたしの唯一の味方は「おばけ」だったの（笑）。本当はよくないな、とは思ってたんだけど、それしかもう頼るものがなくて。

「龍くん、そんなことしたらおばけが来るよ」「きゃー、やだー」みたいな感じで、龍も最初は言うことを聞いてたんだけど、最近は「そんなこと言ったら、ママがおばけに連れて行かれるよ」とか言うようになって。

そんな調子で、最近は怒り方も龍に指摘される。「そういう言い方したら、龍くんがかわいそうでしょ？」とかね。

根本 おかしい（笑）！　わたしは結構しぶとく説得するタイプ。「かあさんは本当に困ってます」という悲壮感あふれる感じで話す。

カフェの営業時間に哩来があそびに来ることもあるんだけど、お店が混んでいるときはキッチンの中とかがとても危なかったりするわけ。わたしも下の子を見ていたりして手が離せなくて、いままでちょっと放置してたの。でも、それはやっぱりお店にとってもよくないな、と思ったの。

　そのとき「忙しいときはキッチンの中は危ないし、本当に困るんだ」ということを子どもに正直に伝えたら、忙しいさなかに「あそんであそんで」と来なくはなったかな。

「叱られるから」ではなく、「危ないから」とか、理由をきちんと説明すれば、子どももある程度はわかってくれるんじゃないかなと思う。

田辺　そうだね、3歳だと、もうそういうレベルかも。たしかに、こちらが悲しんでいたり「ママもう泣きそう」みたいなことを言うと、結構言うことを聞いてくれるっていうのはあるかも。「えー、（だったら言うこと聞いても）いいけどお……」みたいな。

第三者に言ってもらって救われることがある

田辺　わたしはほとんど車で移動だけど、きこちゃんが子どもをふたり連れて電車で出かけてる話を聞くと、すごいな、って思う。ちょっとわたしには勇気がいるかな。電車の中で子どもがぐずったりしたときにはどうしてる？
根本　やっぱり、時間が許す限り、なるべく途中下車したり、持ち歩いているレーズンの力を借りたりして、気分転換させるかな。
　うちのお店には、ちいさい子どもを連れたお客さんも多いでしょう？
　店内で子どもが泣いたりぐずったりしたときに、皆さんどうしてるかというと、やっぱり外に出て発散させたりしてるんだよね。あとは、わたしがたまたまそこにいたら、子どもに「ここは騒ぐ場所じゃないんだよ」って言ったりする。その子も、急に他人に言われたもんだから、ぎょっとしておとなしくなるのね（笑）。でも、電車の中とかで他人の子どもに注意すると、逆におかあさんに怒られたりする、なんて話も聞きくけどね。
田辺　注意してくれるだけいいなって、わたしなんかは思うけど。
　親と子どもとの関係だけだと、どうにもならないことがあると思う。子どもも、親が何を言うかわかっているから慣れちゃって、余計に言うこと聞かないっていうことがよくあるんだよね。そこで誰かがひとこと言ってくれるだけで、親はすごく救われると思う。親に言うんじゃなくて、子どもに直接言うことで、子どももスイッチが切り替わるんじゃないかな。

子連れで入ったお店　周囲の助けにホロリ

根本　あの話、覚えてる？　葉山のそば屋さんの話。

公園で子どもたちとあそんでて、おなかぺこぺこになったからたまたま近くにあったそば屋さんに入って、天ぷらそばを大盛りで頼んだの。哩来とシェアしようと思ってね。

　それで、途中で下の子がぐずりはじめたから、おっぱいをあげながらそばを食べてたら、哩来がわたしが知らない間に天ぷらばっかり食べていたみたいなの。

　そしたら、そば屋のおばさんが「ちょっといいかしら？」ってやってきて、哩来に「うちはね、天ぷら屋さんじゃないの。おそば屋さんな

理由をきちんと説明すれば子どももわかってくれる。

の。おそばがおいしいからおそばも食べなさいよ」って、おそばを食べさせてくれて。ありがたいよね！

　子どもを連れて歩いていると、世の中にはいいひとがいっぱいいるんだっていうことに気づくよね。またそれが知りたくて、無理してでも連れ歩く、みたいなところがあるんだけど（笑）。

田辺　わたしも中華料理屋さんで同じような経験がある。店の中で龍が騒ぎはじめたとき、近くに座っていたおばさんとおじさんが龍に声をかけてくれて。わたしが食べている間、龍を見ていてくれるって。ありがたや〜。

　子どもも、そういうのをやってもらうと、おばさんとおじさんがあそんでくれて「えらいね」なんてほめてくれるのがうれしかったみたいで、落ち着くんだよね。

根本　そうやって他人とコミュニケーションをとるっていうことを大事にしていくと、電車で席を譲ることなんかも自然にできるようになるのかな、と思う。

　全然席を譲らないひともいるけど、どきどきしながら座っているのが、外から見ててわかるの。譲ろうかな？　どうしようかな？　と思いつつ、一歩が踏み出せないっていうのがすごく伝わってきて。ふだんから他人とコミュニケーションをとっていれば、そういう一歩がもっと踏み出しやすくなるのかなって思う。

田辺　そうかもしれないね。

根本　関係ない話かもしれないけど、あ、すてきなレストランだな、と思って入ってみたら、「お子さんお断りなんです」なんて言われると、ちょっと悲しいよね。

　だから、そういうお店を増やさないためにも、子どもがぐずっているときは外に連れ出すとか、親も周囲への配慮はもっていたいもの。店員さんの手を煩わすことなく、スマートに子どもと一緒に食事をたのしむために、親のすべき役割だと思う。

田辺　うん、それはそうだと思う。

根本　もう少し、子連れOKな世の中になってくれるといいんだけどねえ……。

ほかの子たちとの関わりのなかで学ぶことも多い

根本　保育園に行くようになってから、哩来はすごく変わった。まず、集団の中にいるときの自分と、家にいるときの自分とを分けて考えられるようになった。

田辺　そうだね。龍も保育園ではきっとちゃんとやっているのかもしれないけど、家に帰ってくると、どうしてもそこが甘えの場になっちゃって、自動的に子どもの態度も切り替わるんだろうね。

　龍は本当に子どもが苦手で、子どもに対して警戒心が強かったんだけど、保育園でおねえちゃん、おにいちゃんにやさしくされて、すごく好きになったし。自分もそうされてきたから、年少の子が転んで泣いていたらそばに寄ったり、脱げた靴を拾ってあげたり。きっとそんな「おにいちゃん」な自分が好きなんだよね。

　やっぱり自然にそういうことができるようになるには、家庭以外でほかの子たちとの関わりがないと学べないよね。いくら親が口で言っても、子どもが実際に経験しないとわからないことってあると思うから。

根本　うん、そういう意味で、保育園の存在はすごく大きいよね。

　この間の防災訓練のときのことなんだけど、「火事です」って言われても、年長の子たちは「ウソっこ」だってわかっているのね。だから逃げるときにダラダラしてたみたい。

　そしたら、保育士さんのひとりが「ゆっくり歩いてきた子がいるけれど、ああいうのはかっこよくないよね。ああいうときは、きびきび動いたほうがやっぱりかっこいいよね」って、子どもたちに言ったの。

　その先生はよく「全部ごはん食べられたらかっこいいよね」とか、ダメだと怒るんじゃなくて、そういう言い方をするんだよね。そうすると、子どもたちもかっこよくなりたいからがんばるんだよね。

　へえー、こういうふうな言い方をすると子どもも聞くんだなあって、ちょっと思った。

田辺　それだ。今度はおばけじゃなくて、その手を使おう（笑）。

たなべ・あゆみ　プロフィールはP95参照。

ねもと・きこ　2011年春、住み慣れた逗子を離れ、家族4人で沖縄に移住。めずらしい島の食材での料理、新しい暮らしをたのしむ毎日。著書に『こどもと食べるごはん』（文化出版局）、『もののかたち＋たべるかたち』（ソニー・マガジンズ）など。

親子対談

毛利子来さん（父）×毛利マスミさん（娘）

取材・文＊小林美紀　撮影＊泉山美代子

育児への的確なアドバイスがいっぱいの著書で人気の小児科医、毛利子来さん。その流儀で育った娘のマスミさんは、現在、5歳のマナさんを育児中です。果たして父のおしえは、マスミさんの育児に反映されているのでしょうか？

育児書もいいけれど、身近な声はもっと大事。

もうり・ますみ　毛利子来さんの二女。編集者。仕事のかたわら、現在、大学で心理学を専攻。小学生のマナさんと机を並べて勉強するのが楽しみ。よく父の診療をとなりで見ていたこともあってか、「育児書は読まない」派。

もうり・たねき　小児科医。白衣は着ない、薬も予防接種も最低限に、という独自のスタンスで子どもの病気とのつき合い方を伝え続ける。『育育児典』（岩波書店）をはじめ、子育てに関するたくさんの著書を執筆。

［月刊クーヨン］2010年4月号に掲載された記事に加筆・修正しています。

育児書より大事なこと

父（毛利子来さん。以下略）ぼくは育児書をたくさん書いてきたけれど、時代が違うと子どもの姿も違ってくる。そんなとき、このひと（マスミさん）がマナちゃんを産んでくれてね。実を言うと安心したの。子どもの発育とか発達とか自分の書いた通りだなあって。まちがいなかったって（笑）。

娘（毛利マスミさん。以下略）ちょうどタイミングがよかったよね。妊娠中からオムツがとれる時期に、『育育児典』を書いていたから。

父 ところでさ『育育児典』をはじめとする、ぼくが書いた本をキミら参考にしてないでしょう？

娘 見ないね〜（笑）。

父 何でかな？

娘 わたしの場合はパパがそばにいるから、困ったら直接聞いちゃう。

父 キミにとっては、親父の書くことは知れているからな（笑）。

娘 フフフ（笑）。

父 ぼくらのマナちゃんへの対し方で何か困っていることある？

娘 ないかなあ。まだちいさいし。むしろ（両親が）いなくては困っちゃう。本当に助かってます（笑）。

父 ぼくらが子育てをしていたときは、近くに親戚縁者がいなくて、孤立からのスタートだった。キミらは恵まれていると思うよ。

娘 そういえば、育児書をよく開く、という友人も、身近に親戚縁者がいなくて、「年長者から伝承される子育ての知恵」がないって言ってた。成長の過程や「離乳食はいつがいいのか」ということを確認するのに育児書を見る、と。

あと、別の友だちは、子育てをするなかで、「みんなはこう言うけれど、自分はこうするのがいいと感じるな」という漠然とした思いを肯定してほしくて、パパの本を読むという

マスミさんがいま読んでいる育児の参考書。「つい感情的に怒ってしまうことをくり返してしまうので、読んでいます」。

話をしていたよ。
父　本に書いていることと、実際とは違うって思うことはある？
娘　ああ、それはある（笑）。
たとえば娘には、いまはまだ自由にのびのびと育ってほしいと思っている反面、まわりのお友だちが文字・数が読めると聞くと、焦るし不安を感じてしまう……。
父　ぼくなんかは、小学校に入る前は、文字が書けなくても数字が読めなくてもかまわないって思うけれど。ばあば（毛利敬子さん）は一生懸命おしえているものね。そういう違いは、たしかにあるね。

怒られるのも大切な学び

父　マナちゃんを産んでくれてね、本当にありがたかったですよ。
孫は宝ものだね。非常に貴重な宝。おかげでね、毎日がたのしくなった。朝起きると、「きょうはマナちゃんは？」って思う。ホント感謝している。いい宝ものをくれた。
娘　わたし、この間マナから、「ほかのおかあさんもそんなに怒るの？」って言われたでしょう？（笑）だから、いま、わたしの課題は感情的に怒らないこと。
それで、パパからすすめられたこの本（『「怒り」の構造』村瀬学／著　宝島社）とかを読んで、自分のふきげんを子どもや夫にぶつけていないか考えたり。でも怒らないでいるのはむずかしいですね（笑）。
父　ぼくは、カーッときて怒るのはいいと思っていますよ。冷静に叱るのはお説教くさくて、子どもからしてみたらイヤだもの。
こうしたら、かあちゃんはカーッと怒る、というのがわかったほうが子どもにしたらやりやすいですよ。
娘　ああそう。何となく冷静に叱るほうがいいのかな、って思っていた。
父　ぼくは逆なんだ。怒るニュアンスは状況によって違うだろ？　同じことをしても、気持ちに余裕があるときは寛容でいられるけど、忙しいときには腹が立ったり。
子どもはだんだんと、このひとに、このとき、こういうことをしたらダメなんだということがわかっていく。しかも、同じことをしても怒るひとと怒らないひとがいる。その経験が「人間を知る」ことにつながると思うんだがなあ。

＊

そう話しながら、膝の上の孫娘を愛しそうに見つめる「じいじ」のまなざしが印象的でした。

本日ちょっと体調を崩して保育園をお休みの、マナちゃん。じいじの子来さんはでれでれ、といっても過言ではない！　最後はばあばの毛利敬子さんも登場。マスミさんと敬子さんは、しっかり意思を通じ合わせて、マナちゃんを一緒に育児中。

毛利さんに質問です。

毛利さんは育児書を使ったの？

読むひとの気持ちがラクになることばと、あたたかい励ましで大人気の毛利子来さんの『育育児典』。その毛利さんに、育児書に対する想いをお聞きしました。

子育ては、自分の流儀で

「この頃の親たちは、専門家から得た知識をその通りに実行しようとするでしょう。

あげくには、発育が悪い、落ち着きがない、多動だ、自閉的だ、と言われ心配させられている。見ていて気の毒でしたから、『もっと自分の流儀でやればいいよ』ということを言いたくてね。そういう想いで、『育育児典』を書いたんです」

毛利さんは、専門家のことばより、それぞれの親の流儀と生活の事情に沿った子育てこそ大切だと言います。

「育児書を読んで、その通りにすれば絶対いい子が育つと思ったら大まちがい。性分によってできることとできないことがある。育児は事情によってもできることとできないことがありますからね。育児書通りにやろうと思うのは、ものすごく無理がある。親は悩むし、子どももつらいから、それぞれのやり方でやったらいいんじゃないかな。医院でもよく『育育児典』を買ってくれる方がいるんですが、ぼくはいつも言うんですよ。『それをあんまり信用するな』って（笑）。

患者さんの子どもたちの先生に寄せる想いが！

専門家の言うことは参考にしてもいいけれど、絶対視するなよ。それより自分の性分とか事情に合った育児をしたらいいよ、と。

『スポック博士の育児書』（暮しの手帖社）でも、『子どものことがわかるのは専門家ではありません。あなたです』と断言している。もっと親は自信をもっていいですよ。自分の子どもなんだから。

ぼくは子育ての話は、親や先生など大人の姿もっと大事に考えてほしいと思っているんです。

大人が変われば子どもも変わる。その視点が決定的に、いまの育児の本には欠けていますよ。園でも、担任の先生が代わるだけで子どものようすが変わったりするでしょう？

ある母親が『検診を受けたら、ことばが遅いからもっとことばがけをしなさい、と言われた』と相談に来た。でも、その相談に来た方はとてもおしゃべりでね（笑）。専門家はマニュアルに沿って言うから実情を知らないで言うんですね。

ぼくは『育児の百科』の松田道雄さんにかなり影響を受けました。当時、欧米のやり方がいいとされていて、夜中の授乳はよくない、時間決めをしてキチンと飲ませなきゃいけない、と言う。そんなの無理でしょう。ひとによって違うんだから。おっぱいの出方も、あかんぼうの飲み方も違う。みんな同じような時間を決めてできるはずがない。

なのにそんなことを専門家が言うから、それを読んだ親たちは非常に無理させられて、かえって悩みごとを増やす。そういうことを松田道雄

毛利医院の待合室には、本が山ほど。借りるひとはもちろん、毛利さんの著書を買うひとも。

さんが痛烈に批判した。松田さんは『子育ては、日本の風習でやればいい』と言っている。ぼくも子育ては、親の生活の事情に合わせてやればいいと思っています」

知識よりおしゃべり

毛利さんは、子育てでもっとも頼りになるのは、本より親同士のおしゃべり、だと言います。

「うちはこうよ、お宅どう？　って、おしゃべりしてお互いの経験を交換し合っていると、いろんな育て方があって、それなりに何とかなるんだな、ってわかる。

産院が一緒とか。学校の同級生だとか、近所のひととか。気の合う者同士でたとえ2～3人でもいいから、一緒に子育てしていくのが必要でしょうね。

ひとづき合いが苦手なひともいますが、インターネットのチャットとか掲示板もありますから、そういうところをのぞいて参加したらどうかと思います。

ひとを知る、というのは知識だけじゃダメですよ。

昔、男性誌で女性にモテるための特集なんてものがあった。外車でベイエリアをドライブして、フランス料理を食べてって。でも、なかにはフランス料理よりおでんがいいっていう女性もいるでしょ？

子どもに対してだって、本に書いてある『○歳の子どもはこう』という知識からつき合うのは、失敬。

もし夫が、30歳女性とは？　なんて勉強しながら妻とつき合っていたらきらわれるし、失礼でしょう。でも子どもにはそれをやるんだね。知識で子どもと接しようとする。

つき合っていればいいんです。ケンカしたり、抱き合ったり。

本来、育児書なんてなくていいんです。ないほうがいいんだけど、あまりにも専門知識を切り売りしている本が多いから、ハラが立って書きました（笑）」

毛利さんが子育てをしていた時代は、もっととなり近所のひとづき合いが密接だったと言います。

「長女がまだあかんぼうのとき、夜泣きをしていたら、となりのおばちゃんが『どうしたの？』って来て、朝まで預かってくれた。助かりましたね。みんなで子育てする。それが本来の子育てのあり方でしょうね。

核家族での子育ては人類の歴史からみても異様な状態。無理がある。

最近の親は育児力がない、母性愛が欠如したなんていう学者がいるけれど、とんでもない。人手のないなかで、よくやっていますよ。

しかし一方で、それは無理も多い。これからは、気の合う者同士で子どもを一緒に育てる、ということをはじめたほうがいいですね」

自分に正直な育児を

「最近、ハッピーとか、たのしく育児、とか流行ってますが、子育てはつらいこともあるし面倒くさくもなる。でもいざ講演会で子育ての話になると、たのしくハッピーに、という題目になっちゃう。

それがまた親を悩ませるんですね。わたし、いつもしあわせではない。たのしいときもあるけれど、苦しいときもある……って。ダメ親と思われちゃうのは気の毒ですね。

うまくいかないこともイヤなこともある。そういうことをあっさり認めちゃう。そのほうがむしろ本当の正直な育児になりますよ」。

待合室はおもちゃの山！

それでも怒っちゃうあなたに

ときには、怒って いいじゃない。

怒られることで人生に対する読みが深まる。

お話＊毛利子来さん（小児科医、プロフィールはP101参照）

取材・文＊新井麻子　撮影＊泉山美代子

子どもも大人も、こころおだやかに
暮らせればいいけれど……。
わかっちゃいるけど、
カーッと感情的になるのも人情！
小児科医・毛利子来さん、
こんなわたしでも
よいのでしょうか？

価値観は多様。子育てに正解はなし！

［月刊クーヨン］2011年4月号に掲載された記事に加筆・修正しています。

ぼくは、「叱る」のはきらい。怒ればいいんです

叱るってことが、ぼくはきらいでね。カーッときたら、怒りゃあいいんです。しつけようとか教育しようとか、子どもからしたら、説教くさくて聞く気にならないですよ。親がカーッと怒ったり泣いたり、つらそうにしたほうがよっぽど効果があるから。近頃、感情的に怒らずに、冷静に叱るほうがいいという空気が世の中にはあるけれど、ぼくからすると、「叱る」は何だか胡散くさい。

子どもをしつけよう、教育しようと思って叱るといったって、そのひとごとの考え方やそのときどきの事情がある。たとえば、おかあさんの鉛筆があって、黙って使ってもいつもなら怒られない。けれどおかあさんがそれで家計簿をつけてて、ちょっと席を立った隙に子どもがいたずら書きに使ったとする。すると、おかあさんは困るから怒る。子どもは同じことをしても大丈夫だったり、怒られたり……。つまり事情によって、大人の反応は違うものだよね。なのにここで、「ひとのものは使っちゃいけないよ」って説教じみた叱り方をすると、融通がきかなくなっちゃう。子どもは「ヘンなの」って思うでしょうね。

怒られる体験を積み重ねて人間がわかっていく

同じことでも怒るひとと怒らないひとがいる。同じひとでも、きげんがよければニコニコ、悪ければ怒られる。ましてやひとが違い、事情が違えばひとの態度も変わる。理屈でなく感情をぶつけられる体験を積み重ねて、子どもはひとというものを理解するんです。

つまり、ひとの事情や気持ち、状況を感じ取る力が育つんですね。これはことばで言ったってわかるものじゃない。体験を通してしか、身につかないものなんです。

感情をぶつけることは、本音で向き合うということ

たとえば子どもがかわいくてたまらないとき、その感情を押し殺す親はいないでしょう。思いのままに、抱きしめたり頬ずりしたりするはず。その一方で、怒りの感情をマイナスのものとして抑えようとするのは、非常に不自然なこと。

親が正直な気持ちを隠して「だれとでもなかよくしなさい」なんて言う。インチキですね。子どもは親を信用しなくなる。親が本心で向かわなければ、子どもだって本音をぶつけることができません。

いま、子どもがつまらなくなってると思うんです。イヤなことやおかしいと思うことを、自分で抑えつけちゃってる。表面は大人の言うことを聞くいい子だけど、ひとつも本心じゃない。親や教師の言うことにきちんと従ってるっていうのは、子どもらしくないですね。言うことを聞かない、悪さをする、それが子どもの本来の姿なんです。

うまい育て方、なんてないよね

学者とか専門家の意見を聞いて、ハウツーで育てようとする親が増えたね。そんなの気にしないで、「自分はこう育てたい」、その気持ちで子どもに接すればいい。そんな、どうすりゃうまく育つかなんて、正解はありゃしませんよ。だから、専門家の言うことなんて、当てにしないほうがいいです。だから、ぼくが言ったことも当てにしちゃダメ（笑）。

道徳の押しつけは、嘘くさいよねえ〜。

怒りたいのを無理して隠す必要はないよ。

子育てで力みすぎないために

ヨガの呼吸で自分と向き合う

お話＊吉川めいさん（ヨガインストラクター）

取材・文＊草刈朋子　撮影＊宮津かなえ

いつもさわやかな笑顔がすてきな
ヨガインストラクターでモデルの
吉川めいさん。子育てで多忙な日々でも
疲れをためず、必要以上に
子どもを叱ってしまわないよう
ふだんから取り入れられる
呼吸法をおそわりました！

①ウジャイの呼吸法
リラックスしたいときに

口を閉じて、へその下をへこませた状態で、胸に息を入れるよう、ゆっくりと鼻から息を吸い込み、ゆっくり鼻から吐きます。これをくり返します。

視線は鼻の下のほうの一点に集中させます。寄り目にならないようラクなポイントで。視線を合わせることで集中力を高めます。

脚を組み、頭のてっぺんがまっすぐ上に伸びるよう姿勢を保ち、手は力を抜いて膝の上に置きます。脚の組み方は自分がやりやすい状態で。

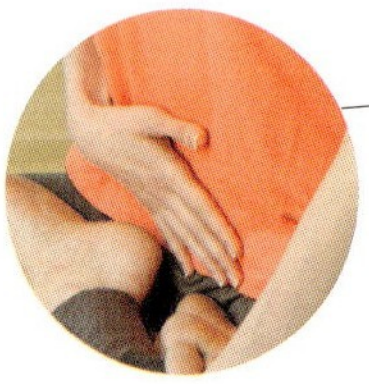

へその下の丹田に手を当てて、背中側に引っ込めた状態をキープします。

よしかわ・めい　ヨガインストラクター。モデル。1児の母。2006年に日本人女性として初のアシュタンガ・ヨガ正式指導資格を取得。2012年東京・南青山にコンセプトスタジオ「veda」をオープン。ヨガインストラクター・モデルとして雑誌、テレビ等でも活躍。

②ウジャイの呼吸法と動作を合わせて
からだをほぐしたいときに

1　かかとをそろえてまっすぐ立ち、へその下やみぞおちをぐっと引き締めます。胸を開いてあごを引き、視線は鼻の下のほうに集中。

2　口を閉じ、鼻でゆっくり息を吸いながら、両手を頭の上で合わせます。動きに合わせて視線も手のほうへ。

3　鼻でゆっくり息を吐きながら、頭を膝下に近づけるよう前屈します。曲がる位置まででOK。

4　鼻で息を吸いながら顔を上げ、胸を開きます。胸のすみずみまで空気を入れるイメージで。その後また**3→2→1**の順で戻ります。

呼吸はこころの動きにも

日々、息を吸うことと吐くことをくり返しているわたしたち。自然に行っているように思えますが、実はこころと密接な関係があるのだそう。「たとえば、けんかをして熱くなっているときは吸ってばかり。ふーっと息を吐けるようになったら気持も落ち着いて、なぜあんなに怒っていたの？　なんて思う。逆に、落ち込んでいると、ため息ばかりついてうまく吸えません。呼吸を通して自分のこころの状態がわかります」

かつて緊張から精神的なストレスを抱え、からだを壊してしまったこともある吉川さん。改善のきっかけのひとつは、ヨガの呼吸法でした。「ヨガのポーズごとに呼吸のようすを観察しました。うまく吸えないときは何が妨げになっているのかを考えました。がんばりすぎや食生活、原因はさまざまでしたが、呼吸の状態を知ることで〈手放す〉という選択もできるようになりました」

育児は初心者という吉川さんですが、力みすぎないコツは「子どものリズムにゆだねる」こと。疲れ知らずの育児の秘訣は、呼吸にアリ！

今回紹介の呼吸法は、吉川さん主宰のヨガスタジオvedaで習えます。詳細はホームページにて。http://www.vedatokyo.com/

自分らしく子どもと向き合うために

こころをおだやかにするハーブづかい

忙しい子育ての毎日、ときにはこころが折れることもあります。そんなときは、ハーブで自分自身を癒しましょう。やさしい作用でこころとからだをおだやかに整える、とっておきのハーブレシピをご紹介します。自分らしさを取り戻して、子どもとゆったり向き合えたらいいですね。

レシピ＊萩尾エリ子さん
撮影＊宮津かなえ

こころのためのお茶

こころをおだやかに、晴れやかにするお茶です。レモンバームを多めにすると、さらに飲みやすくなります。温かい一杯を、ゆっくりとからだの中にしみ込ませましょう。このお茶は、こころとからだの両方にやさしく作用します。ハーブティーは、薄めに入れればこころに、濃く入れるとからだに作用します。使うのはドライハーブ。濃く入れるのがおすすめです。

材料（2～3杯分）
●ホーソンフラワー…小さじ1
●パッションフラワー…小さじ1
●レモンバーム…小さじ1
●熱湯300cc

つくり方
1 ポットに茶葉を入れる。
2 熱湯を注ぎ、ふたをして5～8分蒸らす。
3 茶こしでこす。

パッションフラワー
不安を鎮め、気分を明るくするとされる。習慣性のない抗うつ剤。

ホーソンフラワー
心臓の機能を正常に働かせるとされる。動悸、不整脈に。

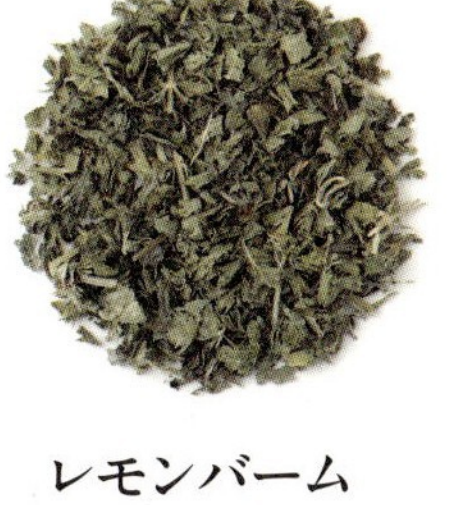

レモンバーム
ストレスからくる心身の不調に、気分が落ち込んだときに役立つ。

はぎお・えりこ　ハーバリスト。蓼科ハーバルノート・シンプルズにて、ハーブの薬草としての使い方を伝え続けている。著書に『八ヶ岳の食卓』（西海出版）、『ハーブの図鑑』（池田書店）など。http://www.herbalnote.co.jp/

［月刊クーヨン］2009年5,6,11月号に掲載された記事に加筆・修正しています。